自己肯定感を高めて
職場の居心地をよくする方法

会社の人間関係に悩むあなたに贈る成功法則

浅野 泰生

はじめに
18戦全敗からのスタート

「18戦全敗」


これが私の社会人生活のスタートでした。

いえ、まだスタートとも言えません。これは就職活動の結果であるからです。

18社を受けて、どこからもスタートラインに着くことさえ許されなかったのです。

私が就職活動をしていた1995年当時、バブルは過ぎ去り、本格的な就職氷河期が始まろうとしていたころで、それほど就職戦線が悪化していたわけではありません。

にもかかわらず、どこからも内定を得ることはできず、出鼻をくじかれた格好になりました。

しかたなく、両親に相談し、親のコネでやっと就職できました。最初の会社では約5年勤めたものの、その後の5年間で4回もの転職を繰り返してきました。

転職を繰り返していたころ私の頭にあったのは、「別の会社に行けば、周りは私を認めてくれ、出世もできるだろし、収入も増えるに違いない」という考えでした。

ところが、4回目の転職をする前後から、「原因は周囲の環境にあるのではない、自分自身にあるのではないか」と考えられるようになり、そこから自分自身を振り返るようになっていきました。

そのようにして自分の考えを改め、行動を変えていくと、おもしろいように結果が出るようになりました。5社目に転職した業務システムの開発会社では、入社1年後に取締役にまで昇進することができました。社員50人ほどの会社ですが、社員番号でいくと42人抜きという形で異例の出世を果たしたのです。

前職の会社で取締役を務めた期間は計12年で、その半分がヒラの取締役の時期。2年半ぐらい専務取締役を務めたあと、5年強の期間に代表取締役を担いましたが、私が平社員として働いていたときには、ビジネスにおける経営層の世界というのは、とても大きな壁のように感じていました。

経営とは特別なもので、経営者は選ばれた人間にしかできないものだという感覚がありました。しかし、いざ自分が経営層を経験してみてわかったのは、「経営層とその他の社員の間には、能力的にそれほど大きな違いがあるわけではない」ということでした。

ちょっとしたものの考え方なり解釈の違いだったり、ちょっとした発言の仕方であったり、本当に些細なものがたくさん積み重なって大きな違いになっていくのだということに気づいたのです。

仕事の根本的な能力のところはそれほど大差があるわけではないのだから、ちょっとしたことに気がつけば、誰もが自分が思うポジションにつけるはずなのです。

もちろん、今の世の中、出世がすべてではありません。出世とは役職・肩書が上の立場になっていくことですが、そうでなくても評価はされたいのが、すべての働く人の想いでしょう。

私の会社の若い社員たちも、出世とは言わないものの、「認められたい」という気持ちはあるようです。

このことを社会学的には承認欲求といいます。人は社会的な生き物であり、人と人との間でしか人間は生きられません。だから、人として周囲から認められることが、人間の尊厳を維持する術なのです。その承認の仕方が、必ずしも出世という形でなくてもいい、といっているだけなのです。この本を手に取った読者のみなさんもきっとそうではないでしょうか。

「人から認められたい」という気持ちは、仕事が趣味と違って一人で完結しないものだからこそ生まれてくるものです。社内での役割分担として協力し合うことは必要です。人の言うことを聞きたくない、マイペースでやりたいと独立したとしても、ビジネスには必ずお客さまが存在します。よって、仕事は一人では完結しない。これはどこで仕事をしようと、どんな仕事をしようと同じです。

人は誰でもいつからでも変われる

人は大きな刺激で一瞬にしてガラッと変わることもあれば、小さな刺激が積み重なっていき、徐々に変わっていくこともあります。

前者でいえば、死にそうになるくらいの病気や事故、涙が止まらなくなるほど感情が揺さぶられる出来事があったりすると、変わることがあります。後者でいえば、日々の習慣を変えたり、自分で意識して過ごすことで気づいたら、大きく変わっていたということがあります。

私の場合は後者のケースでした。私はいま独立して、「未来を創出する人財の豊かな人生を演出する」をミッションとする「株式会社ｔｈｉｎｋ ｓｈｉｆｔ（シンクシフト）」の代表を務めていますが、特別なことをしたから社長になれたわけではありません。誰もができることを誰よりも多く、誰よりも丁寧にやってきただけです。

これまで務めた会社でいろいろ学んだことと、プライベートでの出来事をきっかけにして自分を見つめ直したところから、自分が徐々に変わり始めました。そんな劇的な出来事がなくても、「今、ここから」考え方を変えることで少しずつ生き方さえも変えていくことができるのです。

そのときには、人に言われたから変わろうというのはＮＧです。自分がこのままではダメだと自ら感じて、気づいて、心底そうなろうとしなければ変わることはできません。

私のように、小さい習慣の積み重ねであるとか、取るに足りないようなことでも心掛けるだけで周囲と差をつけることができるのですから、そうなるためのきっかけは、いつでもどこにでも転がっています。要は、そこに自分で気づけるかどうかです。

ものの考え方や視点、着眼点をどこに置くかで大きな違いが出るのに、そこに気づかないで、不満や不安を持っているのだとしたら、大変もったいない話です。

本書が、能力はあるのに「自分の頑張りが認められず、不遇だ」と思い悩んでいる人の、気づきのヒントになればと願います。

株式会社ｔｈｉｎｋ ｓｈｉｆｔ（シンクシフト）代表取締役

浅野泰生

第1章

自己肯定感を高めて自分らしいビジネスライフを生きる

第2章 前提条件を整えて自己肯定感のベースをつくる

第3章 コアコンセプトを明確にしてブレない軸をつくる

第4章 思考を転換してストレスフリーの環境をつくる

第5章 できることを増やして人から認められる存在になる

第6章 小さな行動の積み重ねで周囲から必要とされる存在になる

第1章

自己肯定感を高めて
自分らしい
ビジネスライフを生きる

成功法則 01

自己肯定感を高めて、自分らしく働く

これから何十年と仕事をしていくなかで、どんな会社に勤めるにせよ、どんな職業に就くにせよ、誰かから評価されようとされまいと、細く長くであってもしっかりと自分の道を歩んでいくために必要なのは、自分を認める気持ち、すなわち自己肯定感をもって仕事を続けることであろうと思います。

自己肯定感が高ければ、人の評価に一喜一憂することなく、メンタルを損なうことなく、ビジネスライフを歩んでいくことができるはずです。

では、「自己肯定感」とはいったいどういうものでしょうか?

自己肯定感と聞いてよくいわれるのは、「自分ができること、得意なことを誇りに思う気持ちがあり、自分を好きであること」ですが、本来の自己肯定感とは、根拠なく自分を認められる気持ちです。

自分には誇れるものがある、というだけでなく、できない自分も認めること。苦手なこともあるけれど、そういう自分も認めて、「この自分でやっていくのだ」という感覚です。だから、理由なく、**「ありのままの自分を認める気持ち」が自己肯定感**なのです。

自分にできること、できないこと、得意なこと不得意なことを含めて「自分らしさ」ということもできます。

自己肯定感をもって、自分らしく仕事を含めた人生を歩んでいこう――これが今の時代に求められるビジネスパーソンとしてのメンタリティだと思うのです。

そのうえで自分なりの目標をもてばいいのです。

ある人は、私のように「昇進を続けて、会社の重要なポジションにつきたい」と考えるでしょうし、ある人は「出世しなくてもいいから、周囲から認められたい」と思うかもしれません。また、「とにかく、毎日ドキドキワクワクするようなおもしろい仕事がしたい」と考える人もいるでしょう。

そうした目標に向かって、毎日少しずつ近づいていくことです。

現代社会で仕事を続けていくには、精神衛生がとても大事です。ストレスはまったくゼロにはならないし、ゼロにする必要もありませんが、過度なストレスがかかっていることに自分で気づくことは必要です。そうでなければ、病気になってしまうからです。

適度なストレスは自分の発奮材料にもなります。その適度なストレスを反発の材料にできるかどうかは、「自分はこうなりたい」という目的がしっかりもてているかどうかです。

「なりたい自分」がしっかりあれば、多少のストレスは気にならなくなり、のびのびと仕事に専心することができます。

「なりたい自分」を見定める——スタートはまずそこからです。

成功法則 02

劣等感のある自分を否定しない

かくいう私のこれまでの人生は、「はじめに」で述べたように、決して順風満帆なものではありませんでした。

愛知県一宮市に3人兄弟の長男として生まれた私は、中学時代までは少し勉強ができるくらいの普通の少年でした。地元でトップクラスの進学校に入ることができましたが、そこでは劣等生として過ごします。優秀な生徒ばかりが集まってきますし、熱心に勉強しないでいたので成績は下降線をたどっていきました。卒業時には470人中465番目になっていました。

ただ、当時からなんとなく思っていたのは、「自分はやればできるんだ」という想いです。根拠なく自分を信じられる気持ち。今思えば、そう、自己肯定感が高かったのだと思います。

裕福とまではいわないまでも恵まれた家庭環境で、親は私たち兄弟の教育にお金を使ってくれました。2浪して東京の私立大学に入学してからも、自分で授業料を負担することなく卒業させてもらえました。

今は一宮市に合併された、かつての尾西市が私の生まれ育ったところで、そこは今のトヨタ自動車が織機を自動化したころからの繊維の街でした。そこで両親は繊維工業の自営業を営んでいました。しかし、私が長じるにつれて中国が台頭してきたため、両親は私に事業を継ぐ必要はないと言っていました。

母親は、役所など安定的な職業に就いてほしいという想いがあったようです。私はそういう気はあまりなかったものの、かといってどんな職業に就きたいか、将来のことはそれほど考えることなく育ちました。

ただ、体育祭や文化祭などではクラスをまとめるようなリーダー的な役割を担うことが多かったために、友達からも「将来は社長になりそう」なんて言われていて、親が自営業をしていたこともあり、自分としても漠然と将来は社長になるのかなという想いがありました。

私は劣等生でしたが、クラスメイトは東大を出て官僚になったような人もいるくらいの進学校でしたから、大学に入ったころから学歴コンプレックスがありました。

甘やかされて育ったせいか、就職活動も何とかなると思い込んでいたのですが、面接に臨んだ18社のどこからも内定をもらえなかったのはすでに述べた通りです。

そこで、親のコネという細い糸を手繰っていって、やっと大手飲料メーカー系列の地元の販売会社から内定を得ることができました。

そこで4年9か月の間、飲料の自販機にジュースを補充するのがメインの、要は肉体労働に従事したのです。

ただ、そのころから競争心が強かったので、「同期の中で一番になりたい」とか、「2、3年上の先輩を数年後には抜きたい」という気持ちが強くありました。当時はあまり自分から発想してものを考えるというより、与えられたことを一生懸命にやりながら、人よりも評価されたい想いを強くもっていたように思います。

肉体労働は、若いとはいえしんどいものでした。飲料は当然ながら、夏場によく売れるので、補充の量も多くなり、活動量も多くなります。350ミリリットル入りの缶が24本入ったケースを4、5個、一度に担いでオフィスが入っているビルの4階まで階段を駆け上るなんてことはザラで、最初の30分でユニホームがびしょびしょになるぐらいの過酷な作業でした。

負けん気の強さだけでがんばっていたら、2年目のときに社内で新人のMVPをもらって評価されました。それが仕事で最初に得た大きな成功体験でした。

成功法則 03

空回りしても理想を持ちつづける

ただ、40代50代の人が私と同じような仕事をしているのを見ていると、このままこの仕事が続けられるだろうかと思うようになっていきました。今でいうパワハラのような出来事とか、昔の体育会系のような、体で覚えていくような雰囲気の会社でしたから、これを中年になっても続けるのはしんどいだろうと思いはじめたのです。

それで転職しようと考えました。目指したのは税理士です。

会社を辞めて勉強をしはじめたのがちょうど28歳のころでした。その頃にはすでに結婚していて妻が一部上場企業に勤めていたので、甘えさせてもらいながら資格取得の勉強に励むことにしたのです。

税理士資格の取得には、5つの科目に合格する必要がありますが、アルバイトをしながら1年半の間に2回の試験を受けて3科目に合格した時点で、会計事務所に就職し実地で学んでいきながら、残りの科目の習得を目指すことにしました。

それまでが肉体労働の仕事でしたから、パソコンを扱ったことがありませんでした。ワードやエクセルはまったくわからなかったため、履歴書を書くのも相当時間がかかりました。そんな中で履歴書を送った10社のうち7社は、面接まで至りませんでした。30歳の未経験者を雇ってくれる会社はなかなかありません。ただ、面接をしてくれた

3社からはすべて内定をもらいました。

評価としては、「未経験だけど、人として何か魅力を感じる」というようなことを言ってもらった覚えがあります。このときの経験で、その後の転職のときにも、「面接まで行けばほぼ内定をもらえる」という自信にはなりました。

こうして私は30歳で新人として会計事務所に入所しました。このときはじめてデスクに座って仕事をするようになったのです。

年下の先輩に頭を下げながら、教えを請いながら経験を積んでいきました。時には偉そうにする人もいて嫌な思いもしながら、経験の差を挽回するべく仕事に励んでいきました。それこそ寝る間を惜しんで仕事に励んだのです。

ところが、自分で望んだ会社に入ることができ、やりたい仕事ができていたはずだったのに、私の気持ちは晴れませんでした。

自分が遅れてこの業界に入ったために、年下の同僚のほうが給料が高かったり、評価が良かったりすることに不満をもってしまっていたのです。「こんなに仕事を頑張っているのに、自分は正当に評価されていない」と思っていました。

今から考えると正当な評価を受けていたと思えるのですが、当時は自分の至らなさのために、会社が下す自分に対する評価に不満をもっていました。そのせいで他の良いことを覆い隠してしまっていました。

「他のところに行けば、きっと自分を正当に評価してくれるはず」と思いながら、会計事務所を点々と移っていきました。口では理想を語りながらも、本当はうまくいかなかったことをリセットするために転職を繰り返していたのです。

成功法則 04

「自分勝手」ではなく「自分らしく」

結局、前職の業務システムの開発会社にたどり着くまでに4回転職しています。30歳から34歳までに3回ですから、平均で1年ちょっとしか続きませんでした。

自分ではとても高い目標を掲げて、なりたい自分を強くもっているつもりで自信もありました。けれどそれは根拠のない自信で、他人の粗探しをする一方で、自分の欠点からは目をそらしていました。要は自分勝手であり、自己中心的であったのだと思います。自分勝手であることを自分らしさであると都合よく解釈してしまっていました。そのせいで自分が頑張るほど自分への評価とのギャップに苦しむようになっていきました。

それに、ある面では非常に自信のない自分がいたのも確かです。会計に関しては、周囲より知識も経験もないことに対するコンプレックスや、圧倒的に才能がありそうな人に対する嫉妬のような感情もありました。

そうした自分では変えようのないことにすごく執着していたし、その一方で自分の都合の悪いときはそういうものを言い訳にしながら、逃げてきたようなところもあったと今となっては思います。与えられた環境の中で、他人と差があっても、それを自分の努力で挽回するというようなこらえ性が足りなかったとも思います。

そこに気づいていなかったために、場所が変われば認められるし、自分もハッピーになれると思い込んだ末に転職を繰り返したわけです。自分の評価が思ったよりも低いのは、会社や上司が悪いと思っていました。「俺のことを認めてくれる上司や会社があるはずだ」と思っていましたから。

当時よくこんなことを言っていました。

「本当に市場価値の高い人間になってやる」

自分は上司に認められるために仕事をしているんじゃない、市場に認められるために、お客さまのほうを向いて仕事をしているんだ、という意味です。

ちょっと自意識過剰な意識高い系の勘違いしている若者が言いそうなセリフです。今なら、**「上司も含めてお客さまなのだ」**ということに気づくことができるのですが、当時はまだそんなレベルでした。

自分の至らなさに向き合えないまま転職を繰り返すうちに、「3社も4社も勤めて同じことが繰り返されるのは、ひょっとしたら自分が足らないいんじゃないか」と、やっと思えるようになったのは、社会に出て10年経ったころでした。

成功法則 05

私を変えた「与えたものが得たもの」

自分が変わったきっかけの一つは、業務システムの開発会社の直前に勤務していた久野康成公認会計士事務所（現・東京コンサルティンググループ）を主宰している久野康成先生の影響です。久野先生は２０２１年３月末時点で全世界の27か国に44拠点展開し、４００名以上を抱える会計事務所グループを率いている業界の風雲児といわれている人です。

会計事務所に勤務していたときは、いま思えばすごく限定的な作業しかやっていないのに、自分はすごく特別なことをしているというような感覚をもっていました。でも、経理のプロといっても答えは決まっていて、誰がやってもその答えにたどり着きます。それが早いか遅いかだけの話です。今のようなテクノロジーの時代になると、AIに取って代わられる職業の一番手といわれているぐらいです。

それなのに、数字が苦手だったり機械が苦手だったりする人がいるから、自分は特別なことをやっているのだと勘違いしていました。会計事務所の本当の仕事は、経理の支援ではなく、経営者の支援をしていくことです。特に中小企業の社長の支援です。当然、ノウハウや技術はある程度必要ではありますが、それよりも経営者と対峙したときには人間力が大事です。

経営学を学ぶのではなく、経営者がどういう気持ちで、仕事というか、会社経営というものに取り組んでいるのかマインドを学ぶことが大事、そのために経営者の書いた本をしっかり読みなさいと久野先生から学びました。

そうして久野先生から経営者マインドを叩き込まれる中で何度となく語ってくれたのが、**「与えたものが得たもの」**という言葉でした。

この言葉は私にとって衝撃でした。なぜなら、それまでの私は、自分が得ることとしか考えていなかったからです。

この会社で俺はどういう技術が身につくんだ、俺を成長させてくれるんだ、この会社を踏み台にして自分の市場価値を上げて別のところに行くんだと思っていました。ところが、そうやって転職するたびに給料も下がっていき、不満も高まっていきました。そうではなく、「自分が会社に対して提供できたものそのものが、自分に与えられたものなんだよ」と久野先生は教えてくれました。会社に貢献しようとして奮闘し、何かしらの成果物を会社に提供することができたのは、自分がその会社にいてそんなことができるように成長したからです。会社に成長させてもらえたから会社に与えることができた。それは紛れもなく、自分が得たものなのです。

その後、業務システムの開発会社のときにも、大きくフランチャイズ展開しているある不動産会社の会長からこんな話を聞きました。彼が言っていたのは、「たらいの理論」というものです。

若い人には「たらい」はピンとこないかもしれませんが、要は底が広い金属製の容器のこと。「たらいの入った水を、最初から自分の所にかき寄せようとすると脇から逃げていく。商売というのは、先に相手のほうに水が行くように押し出せば、回り回って自分のところに来るんだよ」ということです。

これらの話の共通するところは、「まず自分が与える」ということです。自分が得るのはその後です。

成功法則 06

甘えを顧みて、矢印を自分に向ける

そのころ、プライベートでも変化がありました。

妻と離婚することになったのです。自分の行動に原因がありました。それが33歳のときでした。

離婚協議では私と元妻の双方の両親を含めた6者会議を行いました。元妻はもちろん向こうの親もカンカンです。元妻は「30歳過ぎて、これから誰とも結婚できない。たくさん慰謝料を払ってもらわないと折り合いがつかない。1000万円ぐらいもらわないと……」というのです。

後から聞いたところによると、完全に私に非があったにせよ、婚姻生活5年で子どもがいなければ、慰謝料は多くても200~300万円だということでした。相場は知らなくても法外だということぐらいはわかりました。しかし、そのあと言われた一言で私はカチンときて、1000万円を支払うことになりました。

彼女は「どうせ払えないでしょ」と言ったのです。

当時、まだ私は会計事務所ではキャリアも乏しく、給料も手取り20万円程度しかなかったのでそう言ったのでしょう。「そんなふうに言うならわかった！　払ったるわ！」と、私はタンカを切りました。自分が悪いにも関わらず……。

その後、仕事で結果が出せたのも、慰謝料を払う必要に迫られていたから頑張れたというのは正直あります。慰謝料を払い終えたときは、やり切った気持ちになったものです。

そんな経験がまた自分を顧みる機会になりました。

何かあれば親が助けてくれるという甘え、元妻に食べさせてもらえるからなんとかなるだろうという甘え、人生そのものに対する甘えがありました。ひとりの女性すら幸せにできない自分って何なんだろうと思った時期もありました。

久野先生から前述のような話を聞いたり、元妻とのそんなことがあってから、他人のせいにしてばかりの自分に気づき、次第に自分に矢印が向くようになっていきました。これまでの自分を振り返り、仕事人としても人間としても成長するように、自分を変えていこうと考えたのです。

成功法則 07

真の自分らしさの追求で人生が好転する

そこで、無理をいって久野先生の会社を退職し、業務システムの開発会社に転職しました。月給20万円から年収５００万円という破格の条件で採用してもらうことができました。

この会社に入社してからは本当の意味で自らを成長させようと、公私の境目なく、すべての時間を仕事に費やすようになりました。昼夜を問わず、仕事に没頭するようになりました。朝は誰よりも早く出社し、夜も帰るのは最後の一人になってからでした。とにかく、当時の私には不釣り合いな給料に見合うようにするには、とにかく会社に与えようと考えました。

それまではどちらかというと、やらされているような感覚で仕事をしていましたが、この会社に入ってからは、自発的に働くようになりました。

同時に経営者としての考え方を社長から教えてもらったり、自分でもビジネス書を読んだり、セミナーに通ったりして勉強するようになりました。とにかく、できることを出し惜しみすることなく、不慣れなことは時間をかけてでもやり切ろうと奮闘しました。

考えてみれば、「たらいの理論」は商売の原理にも通じています。モノを売る商売の場合、仕入れをするときは自分がお金を先に払います。モノを売ってはじめて自分がお金を手にすることができます。

とにかく、毎日、自分のもっているものをすべてここで出し切ろうと考えたのです。この会社に入ってからの1年間は、「与えたものが得たもの」を、本当の意味で実践できた1年でした。

入社から半年で執行役員になり、1年たって35歳になったときに取締役になりました。社員番号でいえば42人抜きです。

この1年で当然、ノウハウやスキルは身につきましたが、だからといって能力的に一気に向上したとは思いません。変わったのは、仕事に対する考え方です。**能力は一朝一夕に変えることはできませんが、考え方は一夜で変えることができます。**能力は大差なくても、考え方を変えるだけで結果はついてくるのです。

成功法則 08

不完全な自分を認めることからはじめる

私は前職で管理職になって以降、経営者やマネジメント層など、いわゆる社会的地位の高い人たちに向けてのセミナー講師などで高い所から話をさせていただくといったことを多く経験させてもらっています。

当初は、キャリアのスタートが飲料の販売会社に勤めていたことを打ち明けることに抵抗がありました。今その仕事をしている人には大変失礼な話ですが、当時の私は「経営者のような地位の高い人は、自販機のジュースを詰めていた私の話など真剣に聴いてくれないだろう」と考えていたのです。

そんなことが自分の思い込みであることに気づくのに、そう多くの時間はかかりませんでした。「そんな人に偉そうなことを言われなくない」と私と同じように考える人も中にはいるかもしれませんが、そうでない人もたくさんいるはずです。

今をときめく人気俳優、人気アイドルだって、100人が100人ともその人が好きということはありえません。全員から好きになってもらおうなどと思ったところで、しょせん無理なのですから、**等身大の自分をさらけ出して、それでもおもしろいと思った人に気に入られればいいやと考えればいい**のです。

あるときから、「今の自分でも伝えられることがある、いや、そんな自分だからこそ伝えられることもあるんじゃないか」と思いはじめてからは、自信をもって等身大で語るしかないと思えるようになってだいぶ気がラクになりました。

不満を抱えて転職を繰り返してしまった誇れない過去も隠すことなくさらけ出すことができるようになり、自分をさらけ出せばさらけ出すほど、相手も自己開示してくれるということにもまた気づきました。

セミナーや講演の場面など、そういうところに共感して聴いてくれることもあります。そればかりか、「自分もコンプレックスがあるから、そんな浅野さんの話はとても興味深かった」と言ってくれる人も出てきたのです。

自己肯定感が高い人、つまり自分らしさをしっかりと自分で認められる人は、自分の弱みも含めて自分らしさと認識することができるから虚勢を張ることがないし、自分を実際以上によく見せようとも思いません。

反対に自己肯定感の低い人は、自分の弱みを自分のダメなところとして認識しているから極力隠そうとするし、自分の都合の良いところだけアウトプットしようと自分勝手な振る舞いをしてしまいます。自分の弱さを認められないから、別のところで相手にマウントを取ろうとしたりします。

過去は変えられないし、性格も一朝一夕には変えられないのだから、今まず自分のすべてを認めること。そこからまずはじめましょう。

成功法則 09

ブレない軸をもち自分で自分を肯定する

日々自分を動かしているものは何でしょうか。それは自分の夢や希望、このように生きたいといった願望ではないでしょうか。

「このように生きたい」と思うときには、自分の価値観や哲学、信条が反映されています。

たとえば、「財を残すは下、業を残すは中、人を残すは上」という言葉がありますが、これは財よりも人を重視するという価値観が反映された言葉です。

このように、私は、自分の「こだわり・価値観」と、それらをもつことになった背景をまとめています。

このようなことを大事にしはじめたのは2016年に、アチーブメントという会社が主宰するセミナーに通いはじめてからです。アチーブメントのトップである青木仁志先生が提唱しているのが、個々の人生の目的を明確にもつことです。

仕事だけでなく、人生においてもブレない自分の軸としての「人生理念」と、そのうえにどんな人間になりたいのか、どういう人生を送りたいのかのライフデザインなど「人生ビジョン」といった土台があり、さらにそのうえに「目標の設定」「計画化」「日々の実践」があるのだというのです。この土台がしっかりしているほど、日々の実践まで迷いなく行うことができるというわけです。

それを聞いた私は自分でも「人生理念」を考えてみました。たどり着いたのは、「信頼」「謙虚」「向上心」という言葉でした。

私にとっての「信頼」とは、とにかく頼られたことに対して精いっぱい応えようということ。私と関わってくれた縁ある人に、関わってよかったと感じてもらえるようになってもらいたいという想いがあります。その結果として、人から信頼を得られればいいなということです。

次の「謙虚」は、自分の不得意も認めるということ。以前100均ショップのDA

ＩＳＯ創業者の矢野博丈氏の講演を聴いた際に、「日本で一番謙虚だと思った経営者は、イトーヨーカドーの創業者である伊藤雅俊さんだ」と言っていました。なぜなら、なりふり構わず社員に指示を出している姿を見たからだというのです。

社員に指示を出せるのは、自分一人ではできないことをわきまえているということ。反対に傲慢な人は自分で何でもできると錯覚して、自ら手を出してしまう。ワンマン経営者にありがちな傾向です。自分でなんでもやってしまう経営者の元では人材が育ちませんから、事業を大きく展開することができず、いつまでも中小企業のままです。

イトーヨーカドーのように大きくなれる会社の経営者はある種の謙虚さをもっていて、自分ではできないことをできる人に頼むことができます。頭を垂れる謙虚さだけでなく、自分の力のなさを認めて、人の力を借りられる人間になりたいなというような意味での「謙虚さ」です。

そして、「向上心」についてはいわずもがなです。常にチャレンジを続けて成長すること。それを通じて、社会にインパクトを与えるということを人生の土台として掲げながら生きていきたいと思っています。

この人生理念から派生させたものが図にある「こだわり・価値観」です。私は、この「こだわり・価値観」に、ビジネスパーソンとして「社会に与えたいインパクト」を加えて『コアコンセプト』と呼んでいます。これは、私の会社でのコンサルティングの基礎理論にもなっています。

自分の中で大切なもの、譲れないものを明確にし、コアコンセプトとしてもっておくようにしましょう。この軸があれば、相手がもっているものを羨ましく感じることもなくなります。それを自分は大切なものと思っていなければ、**「人は人、自分は自分」と割り切ることができる**からです。

仕事で迷ったときには、いつもこの軸に立ち返ることです。そうすれば、自然と答えは出てくるはずです。そこでブレるようであれば、コアコンセプトに掲げたものを、自分は大切に思っていないのだということになります。

コアコンセプト（こだわり・価値観）

いかにすれば可能かを語る	**自分で自分に限界を設けない**	**すべては自分が源**
以前の職場での行動規範。できない理由ばかりを述べて自分を正当化してきた、それまでの自分に変わるきっかけを与えてくれた。いかにすれば可能かと発言を変えることで、周囲も好転していく実感を持った。	税理士試験の受験期に感じたこと。自分の能力のなさを何度となく痛感した。それでもあがき続けた結果、合格を勝ち取ることができた。自分で限界を設けてしまったら得られるものも得られないことを学んだ。	尊敬する先生から学び。すべては自分の選択のなかで人生を生きていると教わった。過去と他人は変えられない。変えられるのは自分と未来だけ。自分に原因を求めることで問題解決力が高まり成長につながっている。
根拠のない自信を持つ	**こだわり価値観**	**正直でなく誠実である**
ある書籍から。根拠のあるものは、それ以上の人やものを見た途端に崩れる。根拠のないものは、誰とも比較できないから崩れることがない。コンプレックスが強かった自分に希望を与えてくれた。		同世代の経営者の言葉。バカ正直なだけでは、成長はない。経験があるか否かではなく、できる否かのスタンスで仕事に取り組むことの重要性を教えられた。経験したことだけをビジネスにしていたら今の自分はない。
発言したことに責任を持つ	**頼られたことに最大限応える**	**相手によって態度を変えない**
幼少期から母に言われ続けたこと。ちょっとした一言が相手に期待を抱かせたり、傷つけたりもする。守れない約束は口にするな、と育てられた。ビジネスの前に人間関係を構築するうえで大事にしている。	亡くなった父の影響。地域の人から依頼されたことに対し、出し惜しみすることなく取り組む父の姿勢を尊敬していた。頼られたら自分ができることをすべて出し切ることが根本的なスタンスとなった。	実体験からの反面教師。若かりし頃、何度名刺を渡しても名前で呼んでもらえなかった。そのときの悔しい思いを忘れてはならないと思った。それ以来、所属・肩書・職種ではなく、その人自身と付き合うようにしている。

成功法則 10

思考のトレーニングで不要な恐怖を拭い去る

人生を充実したものにしたいなら、物事の良い側面を見るようにすることが大事です。

会計事務所に勤めていた若い頃、私にとても厳しく接してくる先輩がいました。そんなとき、私はいつも「なんで俺にばっかり厳しいこと言うんだよ」と思っていました。当時の私は、人のせいにするのが常態化していて、自分を顧みることはありませんでしたから、陰口をたたいては不満を募らせていました。

しかし、後になって思うのは、彼は自分のことを思って言ってくれていたんだな、ということです。人を叱るにはエネルギーが必要だし、本人がイヤな気分にもなるでしょう。でも、そのリスクを負ってまでも人を叱ることができるのは、相手に対する思いがそれなりにあるからに違いありません。

私を何とかしたいという愛情があったからこそ、その人は厳しく接することができたのです。それを当時の私は理解できなかったのですが、今はさまざまな経験を経てわかるようになってきました。今では何か辛らつなことを言われたとき、「なぜあの人は、私にこんな言い方をするのだろう」と冷静に考えることができるようになりました。

何か言われてカチンと来る。これは瞬間的な出来事で、自分の心に自然と浮かんでくることだからコントロールできません。しかし、**何事もプラスに捉えるという思考のトレーニングをしていくうちに、喜怒哀楽の感じ方は変化していきます。**

「出た結果について悔しがったり後悔したりしない」のも思考のトレーニングです。

私の息子は中学受験のために塾へ行っていて、そこで受けた試験のあとによく悔しがっています。そんなとき、私は「終わったあとに悔しがっても点数はよくならないよ。悔しがったり、感情をぶつけたりするのは試験前だと思うよ」と伝えています。後悔ではなく、反省すればいいだけです。未来に向かって反省すれば、ミスや失敗を次に生かせることになります。

同じように、「起きてもいないようなことをクヨクヨ考えない」のもそうです。クヨクヨ考えた結果、未来の結果がよくなるのならいくらでも考えていいでしょう。でも、よくない結果をいくら想像したところで、それを打ち消せるわけではありません。未来のことを考えるなら、「どうすればうまくいくか」その方法についてすべきです。

ですから、「出た結果について悔しがったり落胆したりしない」については、「反省する」ような考え方にすること。何が間違っていたか、どうすればうまくいったかについて考えれば、反省として次に生かすことができます。

「起きてもいないようなことをクヨクヨ考えない」についても、「どうすればうまくいくか」という方法論を考える思考にすること。

これらが思考のトレーニングになります。どちらも思考が過去に向かってではなく、未来に向かっています。できなかったことより、これからできそうなことについて考えるのです。

なぜこうするかというと、過去は変えられないけれど、未来は変えられるからです。つまり、**自分でコントロールできそうなものだけについて考えること。**それが思考のトレーニングのコツです。

人間性というのは、一見マイナスに見えるような要素も、裏返せばすべてプラスにも解釈できるものです。

就職活動のときの自己分析においても、たとえば「優柔不断である」というマイナスイメージの言葉も「考え方に柔軟性がある」と言い換えることができるし、「頑固」という言葉も別の側面から見れば「果断」であると、言い換えることもできます。

だから、一見ダメな自分も、それはそれで認め、自分の特性として本当の意味で大切に思うこと。自分の弱さも認めながら、自分はこうなんだとまるごと受け止めることです。

人は不完全なものだから、それが健全な人間のとらえ方だともいえます。自分も不完全だと思えるからこそ、他人の不完全さも許せます。そうでないと、他人の失敗が許せず、ストレスをため込むことになります。

不完全な人間が集まって、得意なことをもち寄って、それぞれが個性を発揮していくから組織でやることの意味があります。会社組織で個人の自分らしさが絡まり合ってこそ、ひとりでは到底できない、おもしろくて大きなことができるのです。

成功法則 11

認められ必要とされることで好循環が加速する

仕事を続けていくと、できないことができるようになり、判断のスピードも速くなり、仕事そのものが早くなっていきます。仕事が早くなると、たくさんの仕事ができるようになり、仕事の量も増えます。要は、仕事の質と量がアップしていきます。こうなれば、「以前より成長した」といえるでしょう。

縦軸が仕事のレベル、横軸に時間を取れば、右肩あがりの線が描けるはずです。当然ながら、1年目よりは2年目、2年目よりは3年目のほうが仕事の質と量はアップしているはずだからです。

その一方で、周囲からの評価はというと、どうでしょう。縦軸に周囲からの評価、横軸に時間を取ったときの評価曲線は右肩上がりになるはずですが、成長曲線とはまったく同じにはなりません。少しのタイムラグがあります。

自分の中で成長した実感があっても、それは自分の中のことであって他者からは見えません。成果物がレベルアップしたのを周囲が認め、そこではじめて評価してくれ

仕事のレベルと周囲からの評価にはタイムラグがある

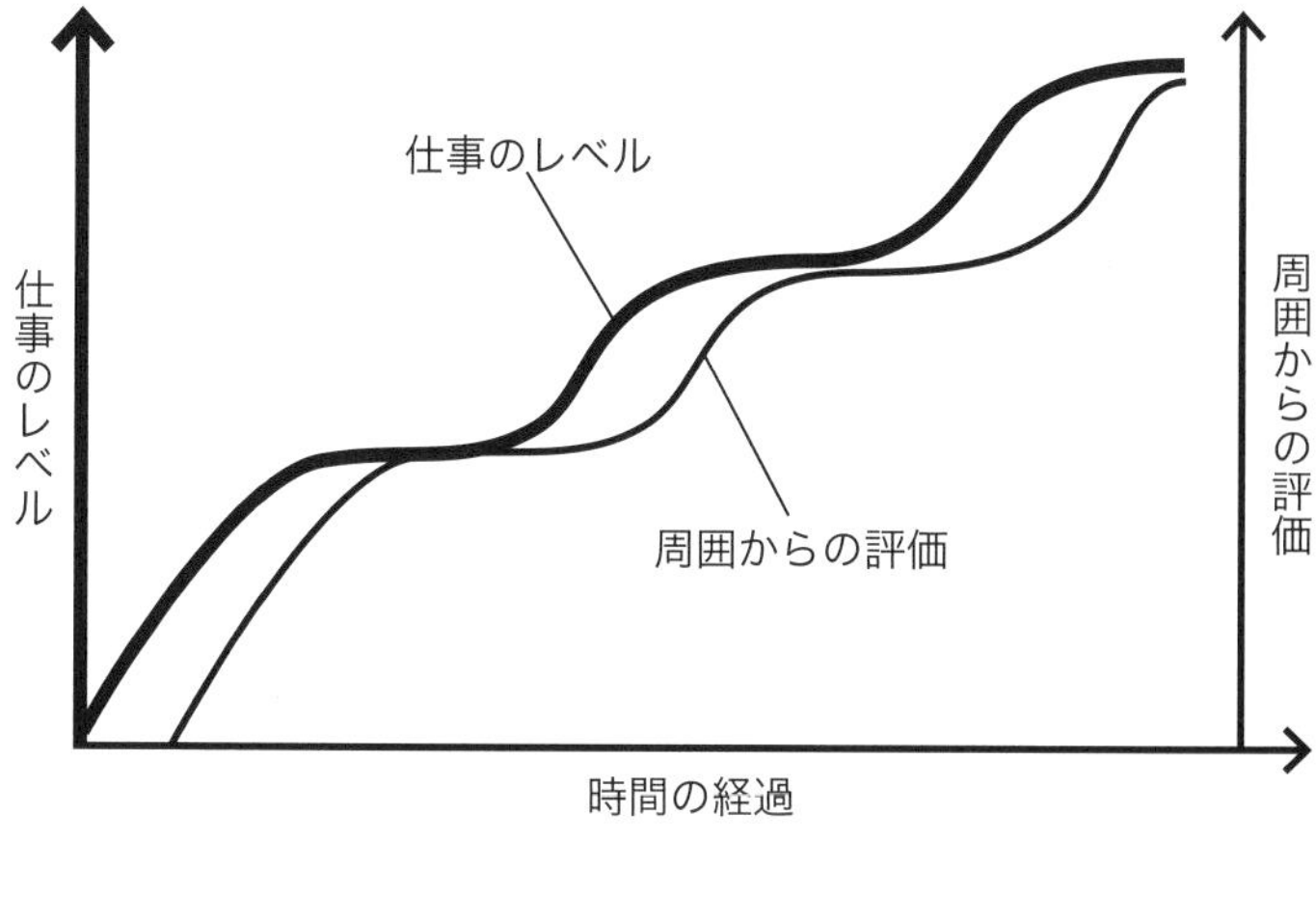

るのです。目に見えないものを評価してくれるのが理想の上司ですが、そんな上司を求めるのはぜいたくというものでしょう。

成長を続けていけば、あるときから加速度的に評価されるタイミングが来ます。私の経験からもそれを実感します。昼夜関係なく圧倒的な仕事量をこなしてしばらくしてから、評価されました。ポジションや収入もあとから上がっていきました。

ポジションが上がっていくと、会う人もそれに比例していきます。経営者になれば経営者に会いやすくなります。出会う人の質が変わってくるために、受ける刺激や情報の質も違ってきます。紹介される人の質も変わってきます。人や情報の質が違えば、また良い仕事につなげることができ、好循環が描けます。

ところが、かつての私のように、自分の思い込みで不満を溜めて転職してしまうと、その度ごとにまた一から人間関係を築き上げなければいけないし、給料も下がるしという悪循環に陥ってしまいます。

人間関係においては、当然、多かれ少なかれ気を使います。家族であってもまったく気を使わないでいいということはないし、もっとも身近な存在であっても一定の配慮は必要です。だから、当然、人間関係はお互いが気を使うものだという前提の中で、**会社という組織の中でしっかり認められること、必要とされる人間になることを目指しましょう。**

そうすれば、だんだん自分らしさを発揮できるようになるし、経済的な面でも実入りが大きくなってくるだろうし、そのおかげもあって人間関係もよくなり、さらに自分らしさを発揮しやすくなるはずです。

成功法則 12

「やったことがないこと」を続けて「できること」を増やしていく

私の場合、何しろ出世がしたかったし、より高いポジションを得たかったのですが、下から見る上の地位の人たちの世界は、途方もなく遠い場所に思えました。しかし、すでに述べたように、いったんなってみると、そこまで大きな差があるわけでないことに気づきました。

考え方や物事のとらえ方、視点、視座を少し変えるだけで見え方が違ってくるし、そこさえ間違っていなければ、自分の思ったような仕事ができると気づいたのです。

一つは、コントロールできるものとできないものを区別し、コントロールできるものの中で最善を尽くすしかないということ。

もうひとつは、自分がまず、出し惜しみすることなく自分のやれることを徹底的に出し尽くすこと。

何か仕事を頼まれようとしている際に、上司から「こんなことをやった経験があるか」と問われたとき、経験がないのに「あります」というとウソになりますが、「こんなことができるか?」と問われたら、やったことがなくてもできることはあるはずなので、「できます!」と答えられるかどうか。私は常に「できる!」と自分自身に言い聞かせながら歩んできたつもりです。

ＩＢＭに30年以上勤めて専務取締役にまで昇進し、その後、いくつかの会社で取締役やＣＥＯを歴任した内永ゆか子さんという人がいます。この方はキャリアウーマンの先駆けといってもいいでしょう。

その内永さんがＩＢＭの面接で「ＩＢＭではこういう仕事をしてもらいたいと思っているのですが、できますか？」と問われたそうです。そこで彼女は「できます」と即答したそうです。すぐに本屋に駆け込んで、関連する書籍をすべて買い込み、入社するまでの数か月の間に予備知識を詰め込んだといいます。

「できます！」と言ったことが本当にできるかもしれないわけだから、ウソにはなりません。ただし、できますといったからにはそれなりの努力は必要です。その努力をする覚悟があるなら「できます」と言えるはずなのです。

「やったことはないけれど、できます」でいいのです。この「できます」は、（と思います）というかっこ付きではあるのですが、「思います」は言う必要はありません。

できると思って背伸びする、なんとかやってみせようと努力する、だから成長しま

す。できることだけやっていれば、自分の隠れた能力が引き出されることもないから成長しません。

私は経営者向けのセミナーでこんな言い方をすることがあります。

「中小企業が今ある強みだけ生かしたところで、それではいつまでも中小企業のままです」

強みが乏しいから大企業に規模や収益で負けているわけですから、「今ある強み」以外の強みを獲得していかなければ、今より大きくはなれません。

人間個人も同じで、強みは人それぞれにあるだろうし、もう少し努力すれば強みになり得るものもあるはずです。将来、こういう人間になりたいというふうに思うのであれば、今はないけれど、獲得しなければいけない強みもあるはずです。

もともとある強み、もう少しで強みになるもの、将来的に獲得したい強み。この3つを自分の中に取り込んで、できることを増やしていかなければなりません。そのうえで、その都度、自分の弱さや苦手なことを認めていくこと。そして、会社の中では他人の強みと弱みというものもお互い把握すること。違いを認めて、得意なことを持ち寄って、互いの自分らしさを確立していきながらチームとして一つになっていくと、1＋1が3にも5にもなって組織の力が発揮されていくはずです。

真の自分らしさの追求は、自分自身が尊い存在だと思えることからはじまります。不要な比較を排除して、自分というものをしっかり受け止めていくことが重要です。

第2章

前提条件を整えて自己肯定感のベースをつくる

成功法則 13

仕事も仕事以外もすべてプライベート

「仕事とプライベート、どちらが大事ですか?」

そう問われたとき、あなたはどう返答するでしょうか。「自分は仕事です」という人はいるでしょうし、「私はプライベートの充実のために仕事をしています」という人もいるでしょう。はたまた、「そんなの決められないよ」という人もいるでしょう。

私の感覚としては、「仕事もプライベートの一つ」です。仕事も生活の一部だから、すべてがプライベートです。ここでいうプライベートは、人生と置き換えてもいいかもしれません。プライベートとは、人生そのものなのだから、仕事と私生活はすべてプライベートと言えるのです。

特にビジネスパーソンとなると、家庭にいるより会社にいる時間のほうがひょっとしたら長くなるはずです。すると、人生全体を充実させるためには、仕事を楽しく充実したものにしなければなりません。

プライベートとは、そもそも「個人の」という意味です。その意味でいえば、会社選びからすでに個人的なものです。どんな理由があれ、最終的には自分で決めてその会社に入社したはずだからです。

会社で仕事をすることを人生の一部と捉えたとき、**より良い環境をつくっていくこともすべて自分の選択**だということになります。

自分の希望する会社には入れないかもしれませんが、自分ですべて選んで決めたわけです。面接を受けに行ったのも自分なら、内定をもらってそこの会社に入ろうとしたのも自分だし、たとえ不本意であっても気持ちを切り替えてこの会社でがんばっていこうと決めたのも自分です。すべて自分で選択してきた積み重ねで今があります。

楽しい人生を送るため、有意義な人生を送るためのベースづくりのためには、自分が行った選択の中で、やりくりしていかなければなりません。

私は、人脈を拡げるために数々の交流会やセミナーに参加してきました。それは休日や勤務時間外のものもありました。

また、新聞記事、雑誌、テレビの情報番組はもちろん、地方に出張する際の駅前の風景までもが外部環境を知るうえで貴重な情報源です。正直どこまでが仕事でどこからがプライベートなのかが、わからないときもあります。

人間を高めることが仕事に通じるし、仕事を充実させることが人間を高めることになるから、すべては公であり、すべてが私であるのです。

成功法則 14

時間の優先順位だけを考えておこう

「仕事と私生活のどちらを取るか」というとき、時間の配分としてはどちらかを選ばなければならないときがあります。

私の場合、かつてはすべての時間を仕事に捧げていましたから、休日に仕事と私生活の予定が重なったときには、仕事の方を優先してきました。たとえば、どうしても土日に仕事の会議に出席しなければならなくなったときは、私用より必ずそちらを取りました。

そういうスタンスだから、たとえば同僚が「土曜日は草野球があるから、日曜日にしてほしい」と言ってきたときは、ものすごく腹を立てていました。私は家族との予定が入っていても仕事優先でやっていましたから、そうでない人が許せなかったのです。

私は仕事で成功したいという気持ちが強かったし、そのためにはスピード感が大事で、何事も前倒しに進めないと頭一つ抜け出すことはできないと思っていたので、常に仕事を優先していました。

それによって自分のプライベートを犠牲にしたと思っていましたが、あるとき、プライベートを犠牲にしてくれていたのは自分の家族のほうだったと反省しました。とはいえ、そう思ったのは自分だけで、家族は私の人生のスタンスを理解してくれていました。現在の妻が「犠牲になっているつもりはない」と言ってくれたことで救われました。人生のパートナーを選ぶときには、そうした人生のスタンスが合致している人かどうかを考えると良いと思います。

話が逸れましたが、ともかく人生において何を重視するかを決めておき、優先順位を自分の中で決めておくことです。そのためにも前述したコアコンセプトが重要なのです。

私の場合は、たまたま仕事の優先順位が高いのですが、時間配分として私事を優先しようというのもそれはそれでアリです。ただし、仕事はそこそこなら給料もそこそこになります。そこを甘受できるかどうか。「仕事はそこそこで、だけど給料は人並み以上に欲しい」という虫のいい希望は通りません。本書を読むような賢明な読者にはいうまでもないでしょう。

成功法則 15

会社に対する不安は自分自身への不安

ときどき自分の会社の先行きが不安だという若者に出会います。そういう人は、以前の私と同じで、会社から与えてもらうことばかり考えているのではないでしょうか。会社の将来に不安を感じる人は、会社に寄りかかっている意識が強いのでしょう。会社にぶら下がるつもりで定年までダラダラ勤めようとしていると、転職もままならないから会社の先行きが不安になるのは当然です。**会社に対する不安は、本当は会社から与えてもらうことばかり考えている自分に対する不安なのです。**

確固たる自分をつくりあげて、いつでも飛び出していけるほどの圧倒的な自分をつくっていれば、会社がどうなっても生きていけます。自分が会社に貢献しよう、提供しようと考えて成長していけば、どんな会社に行っても通用する人間になるでしょう。

経営者は、社員のことを将来に渡って面倒を見るという覚悟をもたなければなりませんし、社員はこの会社を自分で選んだという責任感をもって仕事をしなければならないということです。

会社の一員である前に、「自分株式会社」の経営者は自分であることを意識しなければなりません。そういうスタンスをもってほしいと思います。

もちろん、立場的にまだ下の段階では、社長や上司の影響を強く受けざるをえませんから、自分でコントロールできる領域は少ないのですが、上司から指示された仕事であっても、やらされていると思うのではなく、なぜそれをやる必要があるのかを考え、自分の責任として仕事をしていくこと。そうしていくうちに、自分がコントロールできる領域はどんどん増えていき、仕事がどんどん楽しくなっていくでしょう。

成功法則 16

会社にいられるのはあなたが必要とされているから

経営者になって本当に痛感するのは、かつてのバブル時代のように余剰な人員を雇っている余裕はない、ということです。世の中的に見ても、本当に必要な人員数で、ギリギリで回している会社がほとんどです。

裏を返せば、その会社が必要としない人間はそもそも会社にはいないということ。あなたが会社にいられるということは、何かしらの能力や存在が認められて、必要とされているからです。

だから、自信をもって置かれた場所で咲く努力をするのが良いと思います。

さまざまな理由でコミュニケーション上の不具合が生じたときに、自分が不要な人間だと思うような人もいるし、自信をなくしてしまう人がいます。当然、仕事をすることは、甘いことばかりで済むわけではないし、決して楽でもないし、多少の苦労は伴うものですが、自分が必要とされてそこにいるということは、苦しい日々の中でも忘れないでほしいのです。

それに、会社はまだ若く経験の浅い社員のことは、おおらかな目で見ているものです。早く一人前になってほしいと期待している一方で、最初からそんなに上手にできるはずがないとも思っているのです。なぜなら、誰もが最初は新人であり、若手だったからです。

これまでやったことのないこと、自分のスキルより少し難易度の高いものにチャレンジしたとき、失敗しても会社はそれも折り込み済みです。チャレンジしたうえでの失敗は次につながります。その意味では、**「失敗」は行動した人、チャレンジした人にしか与えられない特権といえます。**

一方で、避けてほしいのは「チャレンジしようとしない」ことです。行動した人がチャレンジした結果、思った成果がでないのは能力の問題です。しかし、「チャレンジしようとしない」のは心の弱さの問題だからです。このときには、叱られてもしかたないと思ってください。

あなたが会社にいられるということは、失敗も折り込み済みだということをいつも頭の片隅において、毎日チャレンジする気持ちで過ごしてほしいと思います。

成功法則 17

何をするかより誰とするか

コアコンセプトとして自分が大切にするものがわかっているときには、その理念と合致することをやっている会社に就職することが大切です。

たとえば、ブロードウェイのミュージカルで踊る自分の姿を夢見ている人は、歌舞伎の門は叩かないはずです。なりたい自分に近づける場所を選ぶのが当然です。

「何をするか」はもちろん大事だし、その会社で自分が活躍できそうなイメージが持てるかどうかはすごく重要なことです。

そのうえでどんな規模の会社においても「誰とするか」を考えることはさらに重要です。一緒に働く上司や同僚とうまくやっていけると思えるかを、考える必要があります。特に中小企業においては、社長との相性は大きな要素ですから、社長が大事にしているものが自分と似通っていて、考え方に共感できるかが大事です。その人と一緒に頑張れそうだとか、この人のためならやっていけそうだと、イメージできないと本当の意味で仕事を一生懸命することは難しいでしょう。

今はどこの会社でもホームページをもっており、多くが代表者のメッセージとして経営理念を載せています。場合によっては、社長が取材に応えたものがメディア上で記事になっているかもしれません。そうしたものを確認して、考え方に共感できる人と仕事をすること。それだけで、仕事の充実感は大きく違ってきます。

成功法則 18

一般的に良い会社より自分にとって良い会社を選ぶ

会社が目指しているものや大事にしているもの、価値観において、自分が共感できる組織に所属することが大事です。

しかし、多くの人はこれができません。

「自分にとって良い会社」ではなく、「一般社会において良い会社」を選んでしまいます。しかし、**一般的に良い会社が、自分にとっても良い会社とは限りません。**

「一般社会において良い会社」とはすなわち「大企業である」とか、「一部上場している」とか、「知名度がある」「給料が良い」「残業がなくて休みがしっかり取れる」「福利厚生がしっかりしている」といった要素において充実している会社です。

これらがすべて充実していたとしても、一緒に働く人たちとソリが合わなければ、仕事は面白くなくなり、不満が募ります。

会社を退職する人の理由で最も多いのは、今も昔も「人間関係」です。待遇面が不満で辞めるという人は、これに比べるとほんのわずかです。

「やっている事業は素晴らしいけれど、この社長の考え方は自分と合わない」ということもあるでしょう。そうなっては、力を発揮しようにもできません。その意味で、自分にとって良い会社というのがあるはずです。だからこそ、自分の「こだわり・価値観」を明確にする必要があるのです。

自分の「こだわり・価値観」、大事にしているものを自分でわかっていなければ、「世の中の価値観」に合わせるしかなくなります。すると、世間がいう「一般社会において良い会社」を選ばざるをえなくなるのです。

自分の「こだわり・価値観」がわかっていれば、面接のときに「一番大事にしているものは何ですか」と伝えあうことで、お互いを知ることができます。だから、就職面接は、お見合いのようなものなのです。

「会社に就職する」といいますが、そのときの「会社」というのは人のことです。会社の事務所がある建物が会社なのではなく、そこにいる人の集まりが「会社」です。

ですから、**自分にとって良い会社とは、自分にとって良い人、つまり、自分の価値観に合致する人**という意味になります。

そのようにして、一番良い会社をちゃんと選んで、活躍できるような前提条件（自分自身がどういう人間かを知ること。「こだわり・価値観」、大事にしているものを知ること）を整えておくことがとても重要なのです。

成功法則 19

感情からくる不要な比較から自分を解放する

私は1972年生まれで同世代を見渡すと、堀江貴文氏や、サイバーエージェントの藤田晋氏といった人たちがいます。彼らが世間で注目されはじめたころは、自分とは大きな差がついてしまっていると、妬む気持ちや羨ましい気持ちをもったこともありました。

人と比較しはじめると、目に見えている部分だけで比較してしまい、相手の優れたところばかりに目が行きがちです。しかし、目には見えない部分で彼らよりも自分が勝っているところだってあるはずです。

それに、自分に足りないものをいくら他人と比較しても状況は何も好転しないし、自分の気持ちも晴れません。**不要な比較から自分を解放してあげる**ことです。

まずは羨ましいとか、妬んだりする気持ちをそのまま自分で受け止めることからはじめます。

感情というのは、自分で思わないようにしようと思っていても、勝手に心に浮かぶものです。これを心理学の用語で「自動思考」といいます。最初はそうした感情にフタをしたり、思わないようにしたりするのではなく、抱いた感情をそのまま受け止めることです。「ああ、自分にはこういう感情が起こるんだな」と気づくことです。

自分の感情そのものは受け止めて、そういうふうに思ってしまった自分を責めることなく、感情そのものはあって良しとして、自分でそこに注目せずにいること。消し去ってしまうのではなく、脇に置いておくイメージです。

消し去ってしまうのは大変な労力が必要ですが、脇に置いておくのなら難しくないはずです。

成功法則 20

抱いた感情をそのまま受け入れる

妬みや羨ましい感情だけでなく、怒りについてもそうです。

私も若いころは、腹が立ったら反射的に口に出してしまうこともありましたが、感情を受け止めていったん脇に置いておき、建設的な発言をするように意識していきました。怒らないことを目的にするとストレスが溜まりますから、怒ったうえでその感情の出し方を工夫するようにしたのです。

昔は怒ってはいけないと思っていた時期もあったのですが、それは長続きしません。怒るのも人間らしさのひとつですから、無感情は不自然です。

それに、感情そのものに訴えることで、大きなエネルギーが生まれることも確かです。人との関わりの中では、感情が人を動かすことはよくあります。

感じて動く「感動」はあっても、理屈で動く「理動」という言葉は辞書にはありません。**理屈だけでは人は動かず、感じて動くのです。**人は感じて動く生き物だからこそ、感情を大事にしたほうが良いのです。

当然、その感情の表現の仕方は気をつけなければいけませんが、その感情を素直に受け止めながらきちんと感じて、自分の今の心の動きを感じてもらえるように人とコミュニケーションを取ると、人は自分のために協力してくれるものです。

ビジネスライクという言葉は「ドライに」とイコールに受け取られがちで、ビジネスは感情を排して理詰めで決断しなければいけないように錯覚してしまいますが、実際は感情で動いている部分が多々あります。

会社には、お客さま、仕入先、株主、従業員など様々な利害関係者が存在します。一定のルールのもとに取引が行われていくのですが、すべての取引に介在するものは感情です。

たとえば、景気の浮き沈みも「経済学」という理屈ですべてが予測できるものではありません。だから「景気」は「気分」や「気持ち」の「気」の字が充てられているのです。景気には消費者の心理という感情が大きく影響を与えます。

また、お客さまが商品やサービスを購入する際も品質や価格だけで決めるわけではなく、「店員の対応が良い」「営業マンが何となく信用できそう」「何回も行っているから入りやすい」などの心理的要因も大きく作用するはずです。やはり、ここでも感情が物事を左右します。

さらに、上司と部下の関係も理屈だけでは片づけられません。

「言っていることは正しいけれど、あいつの言うことは聞きたくない」ということもあれば、「ちょっと理屈は通ってないけど、こいつの情熱は買ってやりたい」ということもあります。結局、好き嫌いで動いているのです。

人の好き嫌いも率直に認めてしまう。「みんなに好かれているあの人を好きになれないのは自分がおかしいんじゃないか」と思う必要はまったくありません。

私も一時期は、短気な自分が嫌だと思ったときもありましたが、それはそれでしょうがない、自分の性格はこうなんだと認めて、言い方だけ気をつければ良いと思っています。

成功法則21 違いは違いであって間違いではない

私は以前の会社で「自分がこう思うということは、みんなもこう思っているに違いない」と思い込んでいたことがありました。

私は学歴や職歴のコンプレックスをバネにして這い上がってきたという自負があり、

期待をかけられればかけられるほど意気に感じてがんばろうと思う性格です。大きな仕事を自分以外の人が任されるのを見ると、すごく悔しがるタイプで、次は絶対に自分が任されるようになってみせるという気持ちを常に持っていました。

そして、自分がそうだから、他人もそうであるに違いないと思っていたのです。ところが、これは違っていました。

自分がマネジメントの立場になったとき、社員に「上司から期待されたときにどう思うか」を聞いてみました。「期待されればされるほど意気に感じてがんばろうと思うのと、期待されることが逆にプレッシャーになるのと、あなたたちはどっちのタイプ?」と40人に聞いたのです。すると、どちらも同じくらいの数の手が上がったのでした。

責任のない立場で仕事がしたいから、管理職になりたくない人が増えていると聞いていましたが、本当にそうなのだとわかって驚きました。

もともと自分がコンプレックスをバネにして這い上がってきたから、他の人もそうであるに違いなく、期待されて潰れる人間は弱い人間であると思っていました。自分と比べて劣っているように見えていました。

鍛えれば必ず反発して強くなれるはずとも思っていて、本人のためを思ってあえて試練を与えるようなこともしていました。叱咤激励の「叱咤」のほうを意識していたのです。ところが、たまたまそれにハマった人は伸びていきましたが、ハマらなかった人は辞めていきました。

私と同じような志向をもっている人は、なにくそと奮闘することができますが、そうでない人には、別のアプローチをしなければなりません。なのに、画一的なマネジメントを行っていたために、その人がもっているはずの良い面を引き出してあげることができませんでした。

私のように何も考えずに動く人から見ると、熟慮して結局、やらない決断をする人はいかにも劣っているように見えるのですが、こういう人がいるからこそ違った意見も出てくるし、慎重になって行動の質が変わってきます。

そうしたことに気づけるようになると、これは**単なる違いであって優劣を決めつけることではない**という気がしてくるのです。

成功法則 22

違った人が集まるから組織は強くなる

もう一歩進んで、違いがあるからこそ、会社は組織として発展するのだという理解が必要です。

トム・ラスというアメリカのコンサルタントが書いた『ストレングス・ファインダー』（日本経済新聞出版社）という本があります。人の強みを探ることがテーマの本です。

『ストレングス・ファインダー』で自分の資質をチェックしていくと、私の場合、競争性や自我が強く、達成欲が強いという結果が出てきます。実行力と影響力があるということも自分の強みであるとわかります。

これを私の会社の社員にもやってもらったところ、当然ながら一人ひとり違った結果になりました。こうした指標を用いて周囲の人の特性が見えると、イライラしなくなります。たとえば、「一歩踏み出すのは遅くても、戦略性が高い」という特徴がわかっていれば、「もたもたしているな」と思わなくなります。違いがわかると、相手を認めやすくなるのです。

違いは単なる違いであって、それ以上でもそれ以下でもありません。違いを優劣や善悪と結びつけるから、相手を見下したり否定したりして許すことができず、ストレスをため込んでしまいます。

違いは違いであって間違いではないのですから、**相手との違いを認めること。**人は違うからこそ、感じるものがあり、動きます。同質な人ばかりが集まっても、多様な意見に触れられないから思考の幅が広がらず、人間性も広げることはできません。

ビジネスでは、戦略が正しくて行動量が伴っていれば高い確率で成功します。戦略が正しいかどうかは、やってみなければわかりませんから「こうすれば売上が上がる」という仮説をまずは立てます。そのとき、「みんながそうだそうだ」と賛同する組織より、「それで本当に利益が出るだろうか」「それよりこっちの方法のほうが良いのではないか」と、異なる意見が出てくる組織のほうが確度の高い戦略を描けます。

同じような思考の人たちばかりが集まると、考えに多様性が出ませんから仮説が間違っていてもそのまま突き進んでしまいます。このとき、行動力が伴っていると悪い方向に、よりスピードを伴って突き進んでしまいます。

確度の高い戦略を描くときには、多様な人間が、多様な角度から検証することが大事です。それに、会社が法的に、あるいは公序良俗的に間違った方向に進みかけたときにも、多様な人がいると歯止めがかけられます。会社で不祥事が発生するときは、多様な人材や意見が排除される企業文化が醸成されたときなのです。

人は得意なことがそれぞれ違います。古来、人類は得意なことを持ち寄って物々交換することで時間に余裕が生まれ、余った時間で別のことをするようにして社会の豊かさを獲得してきました。

２０１９年に行われたラグビーＷ杯が大変盛り上がったことは、記憶に新しいところです。あのころ流れていた三菱地所グループのテレビＣＭは秀逸でした。

体が大きく力が強いけれど足は遅い子と、反対に体は小さいけれど足は速い子が主人公のストーリーです。幼いころは、お互いに自分のないところを相手に見出して羨ましく思い、自分もそうなろうと努力するのですが、成長するにつれて自分の長所に目を向けるようになり、やがて同じチームで得意なところを生かしてラグビーで活躍するという内容でした。

そこで流れるコピーが「同じじゃないから強いんだ」です。自分の強みに気づいて、それを生かす。みんながそれをやりはじめると、組織は大きな力を発揮します。

成功法則 23

会社から何かを得ようとせず、「会社の成長が自分の成長」と心得る

前の会社で、「まず自分のやれることを出し惜しみすることなくやりきる。不慣れなことも人の倍の時間をかけてでもやりきれば良い」と思えるようになってから、私自身の成長の歯車が回りはじめたような気がします。

会社が成長したことそのものが、自分の成長につながるんだと思えたことがよかったと思います。

「会社に与える」というのは、会社に隷属しろということではありません。会社はあなたが提供したものに対して給料を支払います。給料をもらっているぶんの働きを提供するという、シンプルなことです。

入社面接の際に「会社の教育制度はどのようになっていますか？」とか、「自分をどのように成長させてくれますか？」という質問をしてくる応募者に出会うと、がっか

りします。自分が得ることばかり考えています。新型コロナウイルス感染症の脅威で世の中が一変するまでの日本は人手不足の状況でした。就職戦線は「売り手市場」になっていましたから、少しでも条件の良い会社を選ぼうとする気持ちがあったことはわからないではありません。しかし、世の中は先に与えたものに対して、対価が支払われるようになっています。

お客さまも会社から提供された商品やサービスに対して代金を支払います。先に与えたものにしか得られるものはないのです。

会社に対して何ができるかを考えることが、結局は自分の成長を早めることにつながります。会社の成長と自分の成長を同一線上に見据えることができたとき、ビジネスパーソンとしての成長の速度は倍加します。周囲からの評価も後からついてきます。

労使関係は、双方が謙虚でいられるのが良い関係です。働く側は「働いてやっている」ではなく、「働かせてもらっている」と思うことが必要だし、使用者側は「働かせてやっている」ではなく、「働いてもらっている」と思うこと。そんな良い関係が築けたなら、その会社は加速度的に成長していくはずです。

第3章

コアコンセプトを明確にしてブレない軸をつくる

成功法則 24

人間性と人間力の両輪が大事

仕事で自分らしく成長し、充実した人生を送っていくには、人間性と人間力の両輪が備わっていなければならないと私は考えます。

人間性というものは、前述したように表裏一体で、見る角度によってまったく違う評価になります。自分の嫌な性格があったとしても、それを裏返してみたときにはプラスの側面として見えることもあります。

「細かくてめんどうな人」も見る人によっては、「細部まで気がつく繊細な人」と見えるものです。自分の人間性をしっかり自分のプラスの側面から捉えることが大事です。

人間の個性であり尊重すべきものが「人間性」であるなら、**「人間力」は仕事上の利害関係者に何かしらの影響を与え、良い行動変容を促すような能力**とでもいえば良いでしょうか。つまり、周囲に行動変容を促すような影響力があることを、「人間力がある」と表現しています。

人間性は良し悪しで述べる類のものではありませんが、人間力はビジネスを行ううえではっきりと優劣が生じる項目です。

「あの人、良い人だよね」「悪い奴じゃないよな」で終わる人は、ひょっとしたらこの「人間力」が足りない人なのかもしれません。性格が良いのに出世できない人、一見人望が厚いのに評価されない人がまさにこれに分類される人なのでしょう。

どこの会社でも人懐っこく、誰とでも仲良くなれる人がいます。しかし、私はこれだけでコミュニケーション能力が高いとは思いません。このような人に限って同僚との友好関係を維持するために、仕事上で言うべきことを言わずにすませていることが多いからです。言うべきことを言わない、言いたいことを言わないでいる関係は、お互いを高め合う間柄になり得ません。

人間力のある人は、言うべきことを言い、言いたいことを言うときに、言い方を工夫することができます。相手の性格を踏まえたうえで、相手が素直に行動につなげることができるような言い方ができます。こうしたことができる人が、本当の意味で人間力のある人です。

もちろん、影響を与えるといっても、良い影響ばかりとは限りません。悪い影響を与える人もいます。良い影響を与えて、さらに行動にまでつなげるには、理屈も大事ではありますが、感性なり感情に訴えることが必要です。自分の気持ちを素直に伝える中で、一緒にやっていこうと思ってもらうことが必要です。

自分のダメなところ、不得意なところも受け止めて、良い側面をとらえるようにして自分を好きになる努力をするのと同時に、影響力を高めて人に行動してもらえるような状況をつくっていくこと。つまり、人間性と人間力のどちらかではなく、両方が揃っていることが必要です。そのために大事なことは、**自分自身の人間性をしっかり捉えて人間力を高め、ブレない軸をつくっていく**ことです。

成功法則 25

こだわりや価値観を言葉にする

すでに述べたように、自分の人生における「こだわり・価値観」とビジネスを通じて「社会に与えたいインパクト」を私は「コアコンセプト」（仕事の基本となる考え方や判断基準のうち、自分にとっての中核となるもの）と呼んでいます。

「こだわり・価値観」を言葉にして表現することは、自己開示の一つでもあります。

自分が何にこだわっていて、何が好きで、逆に何が嫌いなのかを、お互いがわかっていれば人間関係のストレスを事前に回避することができます。

ただ、昨今の傾向として、個人の思想信条のみならず、パーソナルな素性をお互いに知る機会が減っていることは確かです。

たとえば、高卒の就職面接では、両親がどんな職業についているかといったプライベートなことや、どんな本を読んできたかなど、思想信条に関わるようなことを質問することはNGとされています。

また、時間外労働が制限されるようになり、就業時間内での時間的な〝余白〟が少なくなっていますから、社員がお互いの人間性を知るような機会が減っています。

私の場合、十数名の社員全員の誕生日を把握してプレゼントを贈ったり、社員の子どもの年齢も把握したりしています。私の経営者のスタンスとして、社員とその家族の人生を預かっている気持ちでいますから、できるかぎり個人的なことも把握したいと思って取り組んでいるのです。

社長でなくても同じように、同僚の人間性を知る機会をできるだけつくる努力をすることをお勧めします。そうすることは、自分を守ることにもなります。ここでいう「自分を守る」の意味は、一人の存在として周囲から、人格を尊重してもらえるような状況になるということです。

その人の「こだわり・価値観」がわかっていないと、相手がどうして自分とは違った主張や行動をするのか理解できません。その人の「こだわり・価値観」を知っておけば、「なるほど、そういうことか」とわかるし、それに対する言い方も変わってきます。

お互いに「こだわり・価値観」だけでなく、その背景なり意図のようなものまで、**お互いがわかり合えるようなコミュニケーションを取ることができれば、組織の中も円滑に回るようになるだろうし、自分の立ち位置もしっかりしたものになっていく**はずです。

成功法則 26

こだわりや価値観の源泉を探る

その人特有のこだわり・価値観は、昨日今日培われたものではなく、生い立ちからくるものであったり、出会った人からの影響であったり、それまでの人生経験がもとになっています。

たとえば、私の「こだわり・価値観」にある「相手によって態度を変えない」については、自分自身、思い当たる経験があります。

飲料の販売会社に勤めていたとき、同じお客さまのところに何度行っても、何度名刺を渡しても、名前を覚えてもらうことができず、会社名でしか呼んでくれない担当者がいました。その後、会計事務所に転職して数年がたち、同じ会社の担当をさせてもらったことがありました。

スーツを着て名刺を差し出したら、まだ当時は税理士の資格もないのに「浅野先生」と呼ぶのです。名前を覚えてもらって嬉しかった半面、なにか複雑な気持ちにもなりました。作業着を着て、汗だくになっている肉体労働の人たちに対して、そういう扱いをするホワイトカラーの人が中にはいるのだと、さびしい気持ちになったのです。

イヤな気分になったので、それを反面教師として、自分はそうはなるまいと強く思いました。こうした経験が「相手によって態度を変えない」の背景になっているのです。

社員のことをできるかぎり把握するために、飲みに誘うことがあります。そうして社員と対話していると、聞かなくても相手は胸襟を開いてさまざまなことを自ら話してくれるようになります。

たとえば、「恋人と別れてさびしい」であるとか、「親との関係がうまくいっていなかったけれど今は良好だ」とか、「実は子どものころいじめられていて……」といったことなどです。

実際に、親の転勤で小学生のころから引っ越しを繰り返していた人がいました。その人は友達ができず、いじめられていました。そのため、周囲の空気を読むことにとても敏感になっています。そういう人には、「この職場は心理的に安全性の高い場なのだから、そんなに気を使わなくて大丈夫だよ」と言ってあげました。こうした言葉は、相手のことをよくわかっているからこそ、かけてあげられます。

その人がどうしてそうした「こだわり・価値観」をもつようになったのかを知ることで、その人自身をより尊重しやすくなります。

相手の「こだわり・価値観」は、本人さえ気づいていないことが多々ありますから、相手から引き出していくことが必要です。**相手から話してもらうには、まずは自分から自己開示することです。**

成功法則 27

相手のこだわりや価値観を探って仕事を円滑に

相手の「こだわり・価値観」をわかっておけば、仕事はぐっとやりやすくなります。

BtoBの会社の場合、新人として入社したばかりのころは、お客さまの対応をさせてもらえることはまずありません。まずは上司を通じて間接的に、お客さまのニーズに応えることになるはずです。ですから、新人のころはお客さまよりはまず上司のニーズに応えるようにしなければなりません。

成果物を提出するというとき、最初から正確なものを出してほしい上司もいれば、早めにもってきてもらって相談してほしい上司もいるはずですから、そうした上司の「こだわり・価値観」をしっかり把握すること。相手の癖を知ることによって、自分の仕事がしやすくなるのです。

働く仲間の癖や違いを知ってそれを仕事に生かせば、自分自身のストレスを軽減することにもなります。たとえば、何か仕事を依頼したときに、いつも締め切りギリギリに仕上げてくる人がいたとします。なぜお願いした期限に合わせてやってくれないのだろうと思うとストレスですが、「これがこの人のやり方なのだ」と思えれば、その人に仕事をお願いするときには、サバを読んで締め切りを早めに設定することができます。

相手にとってはギリギリで締め切りに合わせたつもりでも、こちらはサバを読んでいるので少し余裕がありますから、相手が締め切りに合わせてくれるだろうかとヤキモキしなくてすみます。

ストレスを溜めないという意味でも、相手のことを知っていることが自分を守るこことにもつながります。

ここで賢明な読者はこう思うかもしれません。

「上司にも合わせて、同僚にも合わせなくちゃいけないの？」

締め切りの感覚は、自分が依頼される立場でも依頼する立場でも、相手に合わせることが大切なのです。

なぜなら、相手は変えられないけれど、自分は変えられるからです。

相手の締め切りの時間感覚を是正しようと思ってもそれは容易ではありません。人が変わるのは、その人自身がその必要性を本当の意味で理解したときだけだからです。人からちょっと言われたぐらいでは変わりません。

そうであれば、自分が合わせたほうが早いのです。自分の締め切り感覚を変える必要はありません。対応を変えればいいだけです。自分の人格を変えるのは相当な労力がいりますが、もっと表層的な日々の仕事の対応を変えることは、そう苦にはならないはずです。それに、人によって対応を変えることで自分の対応の引き出しが増えます。対応の引き出しが多ければ、どんな事態にも柔軟に対応できます。

成功法則28 「WILL（～したい）」を最優先する

どんな職業でも「WILL」「CAN」「MUST」という3つの仕事があります。したいこと、できること、するべきこと、です。

多くの人が、新入社員として会社に入ったとき、多かれ少なかれ、自分がやりたい仕事を思い浮かべたことでしょう。しかし、入社した当初からやりたい仕事だけできる人は、まずいません。

会社から与えられた仕事をまずはこなします。会社から与えられた仕事こそが、「するべきこと」です。「するべきこと」を完遂していくと、「できること」がどんどん増えていきます。そして、**「できること」が増えていくと、「やりたいこと」に近づいて**

いきます。

当然、社員がやりたいことばかりやっている会社はまとまりを欠きますが、するべきこと、できることばかりやっている会社も発展性がありません。やはり「やりたいこと」をどんどん膨らませていく中で収益と両立できるようにしていくのが、最も強い組織のあり方だろうと思います。

「やりたいこと」を重視すべきなのは、人は自分が心底からやりたいと思っているときほど、熱心に行動するようになるからです。熱量が違いますから、それについて行動すること、努力することを厭いません。

仕事には3つの種類がある

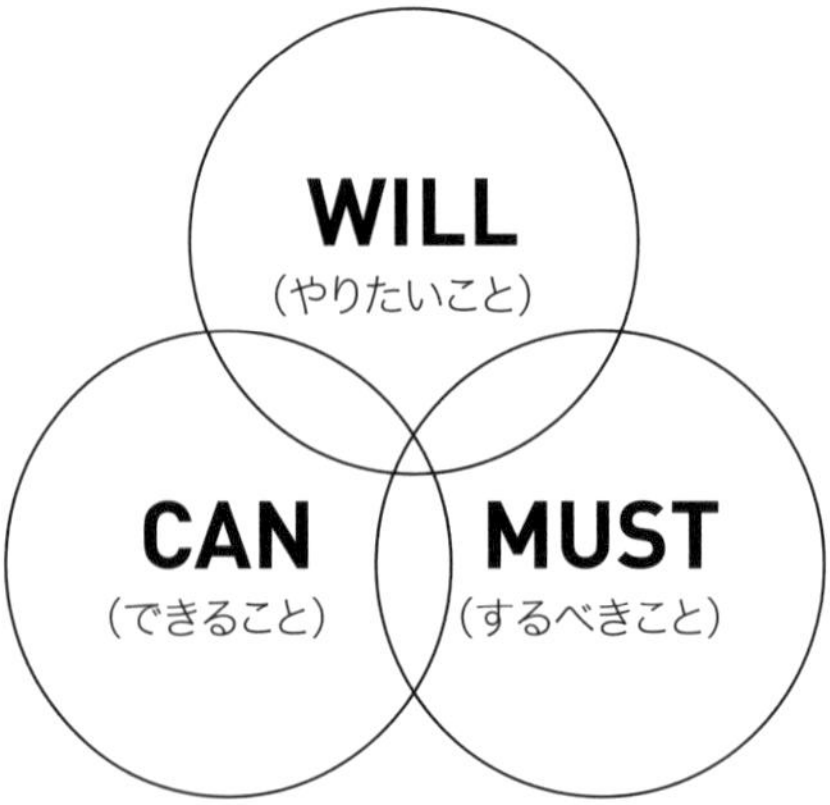

私の会社にも、ライターとして入社してきた社員が、文章だけでなく動画の企画、制作をしていたり、WEBのデザイナーとして入社してきた社員が、紙媒体のパンフレットをデザインしてくれたり、新卒2年目でエステ業界から転職してきた社員が、採用関係のメディアの立ち上げや採用担当をしていたりします。これらはすべて本人が心底やりたいと思っていたことでした。

好きなことを趣味のようにしてやるのではなく、今の仕事とリンクさせて相乗効果が生まれるような形で取り組むと、仕事は楽しくなるはずです。

若いときは「やりたいこと」ができるチャンスはなかなかありませんが、そもそも「やりたいこと」が明確でなければ、目の前に降ってきた仕事をチャンスと思うこともできません。ですから、**チャンスを掴めるように「やりたいこと」を上司や同僚に明確に伝えておくことが大切です。**

そして、どんどん「WILL」の領域を拡大していくことで、さらに自己肯定感を高くもって仕事をしていけるようになるはずです。

成功法則 29

信念を強くもてば、人の評価が気にならなくなる

「人の評価を気にしすぎてはいけない」とはよく聞く言葉ですが、「人は人、自分は自分」と考えることが、時にはとても難しいというのもわかります。私自身が他者からの評価をとても気にする人間でしたから。

私は最初に会社の意思決定に携わるような役職になったとき、社員からの自分に対する評価が非常に気になりました。専務や社長という社内で上位の立場になると、当然ながら、表立って反論してくる人は少なくなり、裏でコソコソと批判するようになるものと考えていたからです。

そう考えていただけに、自分に対して不満をもっているなとか、この意思決定に対してあまり快く思ってないなというのが社員の表情で読み取れることもあります。

会社の意思決定によっては、時として社員に負担をかける場面も出てきます。会社

を良くしようと思って指示したことに対して、社員は本当に納得してやってくれているだろうかと、くよくよと考えていました。私の思い込みの部分もあったのでしょうが、どうしても拭い去ることができないでいました。

しかし、あるとき、そんな気持ちは吹っ切れました。

大学時代の友人と、久しぶりに会った飲み会でした。

「社員にどう思われているかが気になってしまって、なかなか思い切った意思決定ができないんだ」とポロっとこぼしたところ、友人は「おまえは誰のためにやっているんだ？」というのです。

続けてこう言ってくれました。

「お客さまのため、社員のため、会社を良くしたいがための意思決定だろう。だったら、**おまえの信念が足りないだけ**じゃないのか」

私利私欲のためとか、後ろ指を指されるような後ろめたい気持ちがあるなら、社員の顔色が気になるのは当然だ。でも、そうでないと胸を張って言えるなら、強い信念をもって自分のやりたい道を貫けばいいじゃないか、ということです。

私はハッとしました。

そうだ、自分は会社をよくしよう、それが社員のためでもあると考えて常に意思決定しているつもりだ、決して自分だけのためではない。誰にも後ろ指を指される覚えはないのだから、社員の顔色を気にする必要はないのだと。

私は、それからは判断に迷ったときには、「これは誰のためか」を意識するようになりました。自分に問うと、それはいつも会社のためであったり、お客さまのためだったり、社員のためだったりしました。これらのために、自分はこれをやるんだということを強く念じるようになってから、社員からの評価は気にならなくなりました。**毎日意識していれば、自分自身が変わっていく**、おもしろいものですね。

成功法則 30

自分の器の大きさを測る

人間力を高めて良い仕事をしていくには、人間としての器が大きくなくてはなりません。

「あの人は器の大きい人間だ」「会社の成長は経営者の器で決まる」というふうに使うときの「人間の器」は、生まれもったものであって、その大きさは終生変わらないものだと多くの人が思っています。

しかし、「人間の器」はそんな単純なものではありません。自らの生き方によって、いくらでも大きくしていけるものなのです。

では、「人間の器」とは何なのでしょうか？

私は「人間の器」をこのように定義づけしました。

人間の器＝思考範囲×将来年数×実行度合い

「思考範囲」とは、考えがおよぶ範囲のことです。自分のことしか考えていない人もいれば、家族のこと、会社のこと、業界のこと、さらには日本のことや世界のことまで考えている人もいて、思考範囲は人それぞれです。

次の「将来年数」とは、どれだけ先まで見通しているかということです。今日や明日のことしか考えられない人もいれば、1年先、3年先、そして、自分の子や孫の世代までのことを考えている人もいるはずです。たとえば、今夜の晩ごはんのことしか考えていない人と10年後の日本の発展を願う人がいたとすれば、どちらが器の大きい人か、いうまでもありません。

人間というものは、時間と空間が離れるほど興味関心も減っていく生き物です。「今ここ」が最も関心が高く、自分が住んでいる場所、仕事をしている地域から離れるほど、関心が薄れていき、1年後、100年後と未来になるほど、興味がなくなっていくものなのです。

ただ、これだけでは「人間の器」が大きいということにはなりません。

最後に「実行度合い」が必要となります。どれだけ広い範囲でどれだけ先のことを考えられたとしても実行しなければ、成果は得られません。

居酒屋でいかに世界の未来を憂えてみても、何も行動を起こさなければ、変化は起こりません。「思考範囲」が広く、「将来年数」でかなり先までのことを論じていても、実行したぶんしか「人間の器」の容積は大きくならないのです。

「人間の器」のイメージ

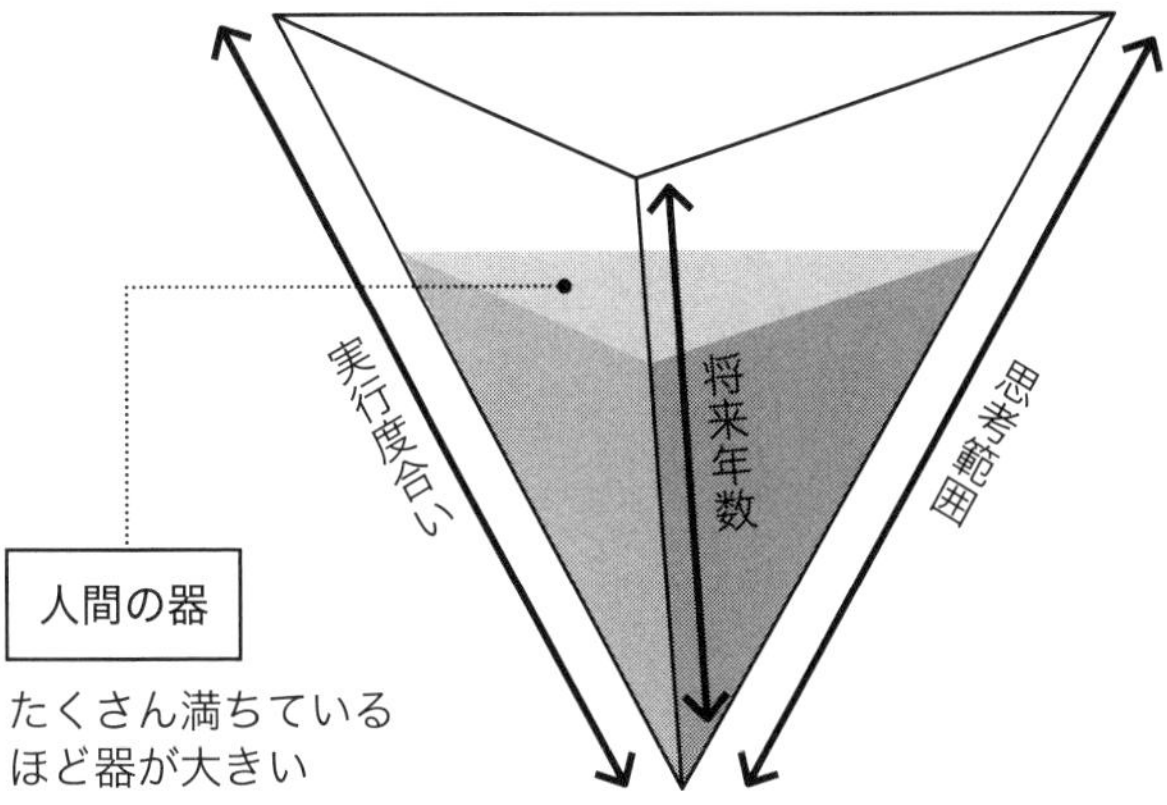

口よりも、まずは手を動かす、体を動かすこと。会社でも実行したものだけが評価の対象となるのですから、大きな視野で足元の仕事をコツコツこなすことが「人間の器」を大きくすることにつながります。

成功法則 31

好きな人の前ではどんな自分でいたいのか

「なりたい自分がわからない」という人が最近は多いようです。

そういうときは、「好きな人の前ではどんな自分でいたいのか」を考えてみることがヒントになると思います。

自分が好きな人の前でこういう自分でありたいというのは、自分の素直な感情が反映されているはずだからです。自分が好きな人の前で嫌な自分を見せたくないという面も含めて、なりたい自分を考えてみること。

私が高校生のころ聞いていた、ＣＢＣラジオのある番組の小堀勝啓さんというパーソナリティーがこんなことを言ったのを鮮明に覚えています。

「人を好きになるということは、その相手の心の鏡に映っている自分のことを好きになることだ」

好きな人の前では良い自分でいられる、もっと自分に好意をもってもらうために、最高の自分でいられる。その状況に恋愛しているのだというのです。

好きな人の前でどんな自分でいたいのかを想像することによって、理想の自分を思い描き、それを無理なく努力できる範囲で演ずることによって、お互いの人間関係は変わっていきます。

飲料の販売会社時代の先輩でSさんという方がいました。

当時の私は、会社や上司に対して愚痴っぽいところがありました。Sさんはいつもそんな私の愚痴を聞いてくれ、「お前の気持ちはわかるよ」と共感してくれました。それだけでなく、「でも、相手にもこんな考えがあったんじゃないかな」と、私のことを受け止めつつも、愚痴で終わるのではなく、未来に向けた思考をさせるよう私を導いてくれました。

そうしたことを重ねていくうちに、この人の前では愚痴を言わなくなりました。当然、愚痴っぽい思考は残っていますが、この人の前では愚痴を言う自分が嫌いになったというか、前向きな自分でいたいと思うようになりました。

これは決して無理をしていたわけでなく、この人を尊敬していてこの人とこれからもお付き合いできる人間になりたい、そのような人間でい続けたいと感じた結果、そうなっていったのです。

世間からの評価や、相手から好かれることより先に、**自分がどうなりたいか**です。だから、自分を確立することが大切になるのです。

なりたい自分に近づいていくときには、ある意味で演じていくことが必要です。

私自身も以前はとても短気で、前職の会社に入ったときは怒りをダイレクトに表現してしまっていました。ただ、そういう自分が嫌いだったし、もっと人の意見をしっかり聞いて、それに対して、適切なアドバイスができるような人間になりたいとは思っていました。

いったんその状況をちゃんと受け止めたうえで、沸き上がってくる自分の怒りの感情を顔に出さない努力と、叱責ではなく普通の調子で指摘したり、期待の言葉として伝えたりできるようにと少しずつ訓練していった結果、徐々に自分をコントロールすることができるようになっていきました。

以前の私を知る人たちからすると、相当温厚な性格になったように見えるらしく、「浅野さん、だいぶ丸くなったよね」とよく言われます。人に瞬間的に厳しい言葉を浴びせてしまう自分が嫌だったから、それを出さないようにと努力しながら演じてきて、だんだんそれが本来の自分になってきているところです。

「演じるのは長続きしないのではないか」と思うかもしれません。確かに、なりたい自分でないものを目指して演技してもいつかは苦しくなるでしょう。でも、自分で心底なりたい自分に向かってする演技は無理なくできるはずだし、長続きするはずです。

「演じる」とは、自分自身を騙すこと。騙し続けていけば、いつしかそれが板について、「それも自分」になっていくのです。

成功法則 32

なりたい自分を設定し、会社でどんな存在になりたいのか決める

仕事でどんなことをしていきたいか、会社でどんな存在になっていきたいかを考えるときには、「人生においてどんな自分になりたいか」がまずなければなりません。何度もいうように、仕事は人生というプライベートなものの中のひとつだからです。人生において「なりたい自分」があってこそ、「仕事上でどうなりたいか」が見えてきます。

なりたい自分を最初に明確にして、それに沿った行動を仕事上で取るようにしなければなりません。そのときの「なりたい自分」は、自分で自由に決めることができま

す。

私の場合は、人生の目的と仕事での目的がほとんど一致しているため、出世することによって、会社の指導的な立場になること、つまり代表になるということが「なりたい自分」でした。代表となった今は、完全に一致しています。

私は、役職は役割だと思っているので、社長という偉い地位になりたいという意味ではありません。会社を代表し、かじ取りする意思決定に参加する立場・役割に就きたいということです。

そうして**「なりたい自分」を決めることができれば、会社の中でどういう行動を取っていくのか、どういう発言をしていくのかが、より明確になっていきます。**

もちろん、「なりたい自分」というのは、必ずしも地位とは限りません。

会社の中のポジションが高くなくても、「縁の下の力持ち的な役割を果たしたい」でもいいのです。自分がどういう存在になりたいか、どういう立ち位置になりたいか決めることが大事なのです。

唯一無二の自分の存在価値を自分で決めて、それを場合によっては上司や同僚とも共有する中で自分の立ち位置を確立させていくときには、自分自身の理念と会社の理念が合致するかどうかを、見極めていく必要があります。

私の場合のように会社の代表という立場になると、個人の理念、社長の理念（会社の理念）は100パーセント合致していなければなりません。社員の場合でも合致している度合いが高いほど、迷いなく仕事に邁進することができるでしょう。

アメリカのCEOなど、いわゆるプロ経営者たちは、経営している会社以外の会社の株を購入していることが知れると、即刻株主から追及を受けるといいます。自分が経営している会社の株価が最も高くなるように注力するべきだということのようです。

多くの会社で経営理念を掲げていますが、そこで働く社員が自分の「こだわり・価値観」（コアコンセプト）を確固たるものとしてもっているかというと、難しいでしょう。だからこそ、自分の「こだわり・価値観」はこうであると、見つけてほしいと思います。

人生の目的と会社の目的の関係

社長の場合

社長は２つの目的が完全に一致している。

成長できる人

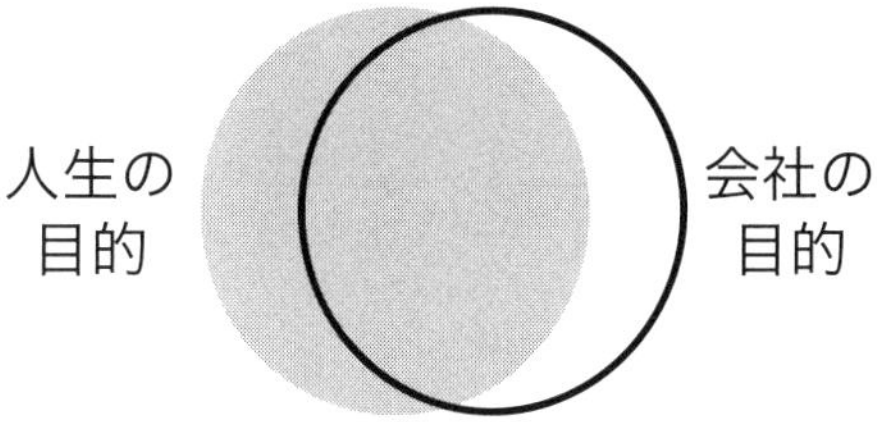

成長できる人は２つの目的がかなりの部分一致している。

働くのが苦しい人

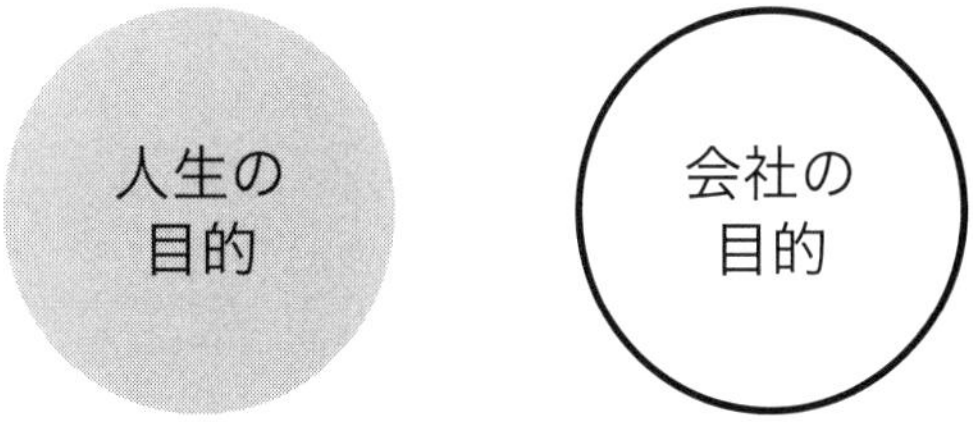

２つの目的がかけ離れている人は働くのが苦しい。

そうでないと、会社の理念と自分の理念がどれだけ重なり合っているかが、わからないからです。重なりが小さいなとわかるのならまだしも、離れていては早晩、働くのが苦しくなってくるはずです。

第4章

思考を転換してストレスフリーの環境をつくる

成功法則 33

ネガティブな感情をポジティブな言葉に置き換える

人は「やる気があるから行動できる」と多くの人が思っていますが、逆もあり得ます。「行動するからやる気が出てくる」ということがあり得るのです。気が進まないけれど、無心になってやってみるうちにだんだんと楽しくなってきた、やる気になってきたという経験をしたことが誰しも一度や二度はあるのではないでしょうか。

発する言葉も、行動のひとつです。口にする言葉によって、自分が〝そのように〟変化していくということはよくあります。政治家が腰に手を当てて「がんばろう、オー！」とやったり、飲食店の社員が朝礼で「今日も元気いっぱいがんばろう！」と唱和していたりするのも意味があってのことです。

埼玉で会社を経営している私の知人は、ネガティブな感情をポジティブな言葉に置き換えるトレーニングをすることで、自らのネガティブな感情をポジティブな思考に変換することに成功したといっていました。

彼はもともと強烈なネガティブ思考の持ち主でした。そんな自分が嫌だからと、あるときポジティブ思考に変えていこうと決意し、言葉遊びをしはじめたというのです。

たとえば、財布を落としたときでも、それまでは「現金が3万円も入っていた、すごく損をした」と考えていたのを、「財布を落としたということは新しい財布が買えるんだ」と、ポジティブな言葉に変換するようにしました。**気持ちを切り替えるのではなく、口に出す言葉だけを変えた**のです。

言葉遊びの中でプラスの言葉に変換することを癖づけてやりはじめたら、思考まで変わってきたとのことでした。気持ちを変えることは難しくても、口に出す言葉は比較的簡単に変えることができます。考え方よりも先に言葉を変換することによって、ストレスが軽減されていき、それが癖になってやがて考え方も言葉通りになっていくのです。最終的にはストレスフリーな状態になります。

口にする言葉を変えていくと、実際、本音もそのようになっていくのが人間です。

同じようなことが武道にもあります。武道の世界では、何事も形から入ります。武道の基本的な考え方や哲学を理解するのは、非常に大変なことでとても時間がかかります。武道には何かしらのその理論的な背景があるわけですが、柔道にしろ、剣道にしろ、何百年と受け継がれてきた中で形成されたものを、昨日今日はじめた人がすぐに理解できるわけがありません。

武道の哲学を最初から概念で理解しようとするよりも、まずは形を学んでいくと、あるときその形にどんな意味があるのかわかるようになります。目に見える「形」をマネるのは、考え方という形のないものをマネるより簡単なのです。

同じように、口に出す言葉はマネをしやすいし、頭の中にある「考え方」よりは変えるのがたやすいです。

武道で形から入るように、まずは使う言葉から変えていきましょう。

成功法則 34

言葉が変われば見るものが変わる、見るものが変われば解釈が変わる

ポジティブな言葉に変換しようと思っていると、自然と物事のポジティブな側面が目に入ってくるようになります。

人というのは、長所より短所のほうが目につくものだし、人の幸福より不幸のほうに興味をもつものです。放っておくとそうなってしまうので、意識して「物事の良い側面」を見るようにすることが必要です。

ある研修で、2人組をつくり、相手の素晴らしいところを15個書くというワークを行うことがありました。「あなたは聡明な方です」とか、「あなたは本当に感情豊かな人です」といった具合に、その人の良い面を考えていくのです。

こうした作業に慣れていない人は、頭を抱えながらひねり出していますが、普段から人の良い面を見ている人は、すんなり書けます。トレーニング次第で、人や物事の

良い面を見つけられるようになっていきます。

同じ現象を前にしても、ものすごくストレスがかかる人もいれば、意外と平気な顔をしている人もいます。それは捉え方の違いです。実は、ストレスは外部にあるものではなく、自分でつくり出しているものなのです。

出来事そのものはニュートラルで、受け取る人によってプラスにもマイナスにもなります。コップに水が半分入っているのを見て、「もう半分しかない」と思うか、「あと半分もある」と見るかの違いです。

人そのものもそうですし、その人の立場や役割によっても、その出来事の捉え方は変わります。雨が降ったら、大工さんは「まいったな、工程が遅れてしまうな」と思うかもしれませんが、農家さんは「やっと降ってくれた、助かった」と思うかもしれません。

物事の感じ方、捉え方にはその人なりの癖があります。しかし、その癖はちょっとの意識づけや工夫で変えられるものです。習慣づけで少しずつ変えていくことができるのです。

「過去と他人は変えられない」とよくいわれるように、過去も他人もコントロールできないけれど、自分自身はコントロールできます。**相手をコントロールできないのであれば、自分の解釈の仕方を変えていくしかありません。**だから、自分と未来を変えていくことがとても重要です。

つらい言葉を浴びせられたり、先輩から厳しく指導されたりしたとき、「この人は僕自身のことを考えてくれているんだ、期待してくれているんだ」と、考えることはできなくても、言葉として口に出していきましょう。

この際、本当のところがどうかは関係ありません。相手が本当に私のことを心底思って言ってくれたかもしれませんし、単に腹の虫の居所が悪かっただけかもしれませんし、そのどちらもあったかもしれません。真意は自分にはわかりませんし、厳しい言葉を投げかけてきた本人にも本当のところはわからないかもしれません。

だから、言った人の本心がどうであるかはこの際関係なく、自分の成長のためにストレスフリーのために、都合よく解釈すればいいのです。

言った人の本心を深層心理まで追究していっても、あまり生産的ではありません。そんな時間があるなら、別の仕事をしたほうがよほど生産的です。

成功法則 35
先に決めてしまえば楽になることがたくさんある

私が現在の会社をつくって独立するというとき、社外の人材をヘッドハンティングしたことがありました。以前の会社で社外の人として一緒に仕事をしていた人です。社外の人とはいえ、懇意にしてもらっていましたからある種、友達のような関係です。それがある日を境に上司と部下のような関係になりました。仮にMさんとしましょう。

私は現在の会社で十数人の社員と毎月一度面談をしています。あるとき、その面談の中で、Mさんが「浅野さんが本当に僕のことを信じてくれているのか不安でしょうがなかった」と、こぼしたことがありました。そして続けてこう言ったのです。

「でも、浅野さんが信じてくれる、信じてくれないということを自分が判断する前に、まず自分が先にこの人を信じることを決めないと、前に進めないなと気づいたんです」

それまで私はどちらかというと、相手が信じてくれなきゃ自分も信じられないよ、と思っていたところがありました。でも、彼の言葉を聞いて、教えられました。**「いつも自分が先」**ということをです。

社員は本当に自分のことを信じてついてきてくれているのかなと思っていましたが、そうではなく、まず自分が彼らのことを信じて、見返りがなくても彼らとその家族の面倒を見るという覚悟を決めることが大切だとわかったのです。

社員の誕生日に花を贈ったり、食事をごちそうしたりするのは、自分がそうしたいから、自分を満たすためにやっていること。見返りがほしくてやっていることなら、見返りがないかもしれないという不安を感じた時点で、そんなことは自分からしなければばいいわけです。「見返り」を放棄した時点で、自分的にラクになるのは確かです。

相手がどう感じているか、本当のところはわかりませんから、見返りがあったかどうかで判断することはできません。「あの子は本当に感謝してくれているのかな」とか、「僕のこと信じてくれているのかな」と考えても、相手の気持ちは変わりません。

そうであれば、誕生日に花を贈るとか、ごちそうするという行為そのものが私の感謝の示し方であって、その感謝を示したことで自分が満たされたのだから、それでいいと思うことです。**相手が信じてくれようと信じてくれまいと、自分が先に信じること。**これを私は社員から教えてもらいました。

「いつでも自分が先に動く」というふうに考えていくと、いろいろなことがスッキリします。

収入についてもそうです。労働力を提供して、それが商品やサービスという形になり、それに価値を感じたお客さまがそれを買い、頂いたお金が分配されて自分の給料になります。なのに、新入社員として入社して、４月はまだ研修しかしていなくても

４月25日には給料が支払われます。だから勘違いしている人がいるように思います。

本来は自分が先に仕事をしてこそ、回り回って後からお金がついてくるのです。先に与えるということを、社会の仕組みとしても理解したうえで、その中で自分ができることをしっかりやっていけば、気がラクになるはずです。

成功法則36

人間関係においても「先に与える」が活きる

人間関係においても前に述べた「与えたものが得たもの」「たらいの理論」は、そのまま当てはまります。

まずは自分が相手に与えること。相手の立場になって、相手が仕事をやりやすいように考えて、自分が対応を変えること。何か頼みごとをしたときもそうですし、相談にのったときもそうです。

そうして自分から相手に与えていると、相手もお返しをしようと動いてくれるようになるものです。これを心理学では「反報性の法則」と言います。何か恩を受けると、お返しをしたくなるのが人間の自然な心理なのです。

とはいえ、お返しを期待しないことも人間関係を良好にする秘訣です。お返しを期待して相手にしたことは、相手に見透かされてしまいます。相手と良好な関係を築きたい気持ちだけをもって、相手に与えることです。

そして、**相手に何かしてあげたら、その瞬間に与えたことを忘れること。**自分がしたいからそうしたのであって、与えたことで自分の目的は達成したのだと考えて、きれいさっぱり忘れてしまいましょう。

そう考える私も、社員の誕生日に花を贈ったり、食事に2・3人を誘ってごちそうしたときなどは、あとでお礼がなかったりすると、ちょっと気になったりします。自分は相手からごちそうされたら、3回はお礼を言うのを流儀にしているのですが、それを相手に求めそうになってしまうときがあります。

でも、「与えたものが得たもの」と自分に言い聞かせて、心のモヤモヤを打ち消していきます。お互いに見返りを求めないのが、良い人間関係だと思います。そんな人間関係であれば気持ちよく、長く良好な関係が続くはずです。

成功法則 37

過去と他人は「受け入れ」られなくても「受け止める」

過去と他人は変えることができません。だからといって、過去と他人をすべて受け入れなければいけない、というわけでもありません。受け入れるのは、相手の考えや気持ちを理解しなければできませんが、理解しがたいときがあるのも事実だからです。

そんなときは、「受け止める」だけでいいのです。相手にそういう考えや気持ちが「あることを理解する」のです。内容を理解するのではなく、その人にそうした考えや気持ちがあることだけを理解するのです。

私は前の会社の代表を辞任するとき、株主総会で批判の標的になりました。オーナーや他の株主から、あることないこと、想像でしかない、その人の解釈でしかないことまで追及されました。まさに針のむしろです。

私は負けん気が強い性格ですから、その場で反論したい気持ちが沸き上がってきました。しかし、私はそこでぐっとこらえることができました。

自分が大切にしている誰かがいわれなき非難をされたときには、真っ向から反論するけれども、自分が否定されていることについては、相手の考え、気持ちをいったん「受け止めよう」とそう考えたのです。

自分の正しさと他人の正しさが、時として対立するのは世の常です。生まれも育ちもまったく違うし、立場も違えば役割も違うし、責任も覚悟も違うから当然のことです。

ただし、自分が認識している事実と違うことであったとしても、相手が思い込みの中でそうした考えや気持ちをもっていること自体は事実です。自分ではそれを一切受け入れるつもりはないけれど、相手がそうした考えや気持ちをもっていること自体を「受け止める」ことにしたのです。

「言いたいことはわかったけれど、承服はできない」これでいいのです。

人はそれぞれの立場、それぞれの役割の中で最善を尽くしているものです。状況を悪くしようと思ってその選択をしたわけではないし、その行動を取ったわけではありません。大事なのは、その状況を受け止めて、いかにプラスに転換させるかを考えることです。

いい意味で、**自分の都合のいいように受け入れれば良い**のです。これも自分を変えることの一つです。

成功法則 38

コントロールできるものだけに注力する

コントロールできるものだけに注力するのは、自分の心を整えるために大事なことです。過去の学歴や職歴は変えることができないのですから、変えられないことを自分なりに受け止めて、いい意味で自分の都合の良いことだけを受け入れればいい。そう思いはじめた瞬間から、私の人生は好転していきました。

コントロールできることとできないことを精査するのもトレーニングが必要です。熱くなっているときは、それがわからなくなります。一度冷静になって俯瞰で、客観的に自分を見ることが大事です。

自分がなりたい自分を設定したうえで、それに向かってプロセスを踏めるかどうか。評価してもらえるだけの実績なり実力を身につけることができるかどうか。最善を尽くしたうえで、評価するのは相手です。相手の評価を気にせず自分の最善を尽くしたほうが、何事もうまくいきます。

一方で、自分だけで完結していたら、会社の中では一生評価されません。自分の感情は、評価してほしい上司などに行動か態度か表情でしっかり伝えるべきです。

相手に**伝わったことがすべて**です。自分は伝えた「つもり」でも、相手に伝わっていなければ、それは伝えたことにはなりません。行動、態度、表情でしっかり伝えて、認められ必要とされる存在にならないと、自己肯定感は高まりません。

努力すれども無理しない範囲でしっかり物事に取り組む。それを相手に伝わる形で提示すること。その努力は必要です。

そして、この「行動」は、会社なり上司なりが求めているものに向かってしなければなりません。「自分が良いと思ったことをやる」という独りよがりではダメなのです。会社は慈善事業ではありませんし、同好会グループでもありませんから、世の中に価値を提供したうえで、売上を得ていかなければなりません。その目標に向けてしっかり、目標に沿った行動を、自分の最善として尽くす。それによって、チームとしての最善を尽くすことです。

行動の面では、会社の目標に対して必要なことをやっていく一方で、コミュニケーションの面では態度、表情も含めて自分のなりたい自分や理想とするものに近づけていく、というふうに整理すると良いと思います。

私の会社の社員の中でも、自己分析をした結果、すごく自分がネガティブだと気づく人がいます。本人は、事が起こる前から最悪の事態ばかり考えてしまうと言います。「それを自分で変えたい、ポジティブになりたい」と言います。ポジティブな自分でいたいと思うのであれば、それに向けた努力をすればいいだけです。態度、表情からもなりたい自分に向けての表現をしていけば、必ず自分を変えていくことができます。

成功法則 39

「自分を変える」は、たいそうなことをしなくてもできる

自分を変えようとするとき、短期的に変われるのがベストかもしれませんが、それは難しいのが現実です。自分にとって難しいことをやり抜いて、一度にガラッと変わるのはとてもハードルが高いのです。

しかし、難しいことをしなくても、簡単なことでも、続けさえすれば変わっていくことができます。実際、変わるときはそのようにして、小さいことの積み重ねでだんだん変わっているのです。細胞が少しずつ入れ替わるような感じで、新しい自分になっていくような変わり方もあります。

以前勤めていた会社の先輩に中京大学体育学部卒でハンマー投げの選手がいました。2004年アテネ五輪の金メダリスト・室伏広治さんのお父さんである重信さんに教えてもらっていたというぐらいだから、相当なレベルの選手だったのでしょう。

彼の仕事ぶりはというと、まずとても気持ちの良い挨拶をします。後輩にはとても優しいし、先輩や上司にしっかりと報連相ができ、取引先での評判も良い。当然、上司からの評価も高かったのです。

それを見た同僚たちの中には、「なんであいつは挨拶ができるだけで評価されるんだ」という人もいました。それを聞いた私は、「挨拶だけでって言うぐらいなら、おまえも挨拶すればいいじゃないか」とよく同僚に話していました。

誰でもできることに対して手を抜いている人は、いろいろなところで手を抜きます。誰でもできることができない人が、本当に仕事ができるとは思えません。

このことはさまざまなことにいえます。たとえば、資格試験の勉強もそうです。弁護士や公認会計士といった難関といわれている国家試験では、受かっている人はだいたい2～3回目で受かるという統計結果が出ているそうです。5回、6回と受けても受からない人は受からない。資格の予備校に10年も通っているような人は、私が税理士試験を受けるときにも何人かいました。そういう人たちは、私が知らないことをたくさん知っていました。さすが10年も通っているだけあります。しかし、私が知っていることを知りませんでした。

つまり、誰もが理解できる基礎の部分をおろそかにして、10年に1回しか試験に出ないような重箱の隅ばかりついているのです。基本がしっかりできていないから、何回受けても受からないのだと私は理解しました。

会社の仕事でも同じです。誰でもできることをおろそかにして、奇をてらったところばかりに注力している人は、できない人が多いなと感じます。

本当の意味で誰にもできない新しいアイデアを出せれば別ですが、基本をおろそかにしてそこばかり目指し、結局できないから、どれもすべて中途半端になってしまうのです。

私が出会ってきた「仕事ができる人」たちで、この**「誰でもできることを、当たり前にきちんとできる」**から外れている人はいません。

誰でもできることとは、つまり「挨拶ができる」「報連相ができる」といった基本の

「き」です。仕事で何かヒット商品・サービスを生み出すことができないのは、能力の問題だからそこを否定してもはじまりません。しかし、「誰でもできること」をやらないのは、怠慢です。「面倒だから」と思ってしまう自分の心の弱さを問題にしないといけないでしょう。

成功法則 40

尊敬と感謝は切り離すことで感情を整理する

相手の正しさを受け止めましょう。相手には相手の正しさがあると理解するのです。

以前の会社から付き合いのあった大阪の友人がこんな話をしてくれました。

「社長を〝クビ〟にされて、先代のことを尊敬できない気持ちはわかる。でも浅野さんがこういう立場になれたのは、その人がいなければできなかったのだから、そのことに対しては感謝したほうがいいですよね」

この話を聞いたときに、私の父の姿が浮かびました。というのも、2014年の3月に父が亡くなったときにも、同じ人からこの話を聞いたことを思い出したのです。父は頭ごなしに抑えつけるような人間だったし、母をよく罵倒したり、手を上げたこともあったので、生前、私と父とは折り合いが良いとはいえない状態でした。

葬儀のとき、喪主のあいさつで、彼が教えてくれた論語の一説を思い出し、こんな話をしました。

「今でも父のことを好きか嫌いかと問われれば、死んだ今でも私は父のことは嫌いです。でも、私たち兄弟3人をこんなふうに立派に社会に送り出してくれたのは父がいたからです。その父に対して僕はこの場を借りて感謝の言葉を贈りたいと思う」

彼から二度目にこの論語の話を聞いたとき、人は日々の繰り返しの中で忘れていくものなのだなとひとり苦笑しながら、思い出したのでした。

尊敬できない人には感謝もしないというのは、どうでしょうか。**尊敬できるかできないかと、感謝できるかできないかは、別の感情です。**世話になっていないから感謝はしないけれど、尊敬できる人はたくさんいますから、尊敬と感謝は別であっていいはずです。

前の会社のことにしても、私としては、最終的に確執があった先代に対しては複雑な気持ちがあるのは事実です。それは2年経った今でも変わりません。ただ、実の親からこの身体をいただいたように、今の仕事としての立場は先代がいなければなかったと思います。そのような意味で、感謝はすべきと思っています。

尊敬できないからといって世話になった人に感謝もできないというのは、どうかと思います。感情は切り離して、世話になったことに対しては感謝すべきだと思うのです。

成功法則 41

人やものごとも、要素ごとに切り分ける

尊敬と感謝を切り分けて、一緒くたにしないというような考え方は、人やものごとの好き嫌いにもいえます。

たとえば、人に対して、「あの人の全部が好き」という人はなかなかいないと思います。8割がた好きな面ばかりなら、もう大好きな部類に入るでしょうが、それでも2割ぐらいはイヤな面もあるはずです。

仕事においても同じで、「Aという仕事をしたいけど、それにはBがもれなくついてくる」ということがあります。たとえば「このプロジェクトを進めたいけれど、企画書をつくるのが苦手だ」「見積もりなど数字の計算をするのが面倒でイヤだ」というようなことです。

しかし、より大きなものごとを成し遂げるためには、それに付随することもいくら

かは仕事と割り切ってやらなければなりません。それぐらいの割り切りができないと、かなりストレスを感じることになるでしょう。

ひとつ嫌なことがあったら、もうこの人全部がキライになってしまうとか、仕事の一個の業務が嫌だと、仕事全体がキライになってしまうようだと、苦しくなるはずです。

イヤなところは放っておいても目や耳から入ってしまうから、意識して良い点を見つけるようにするぐらいでちょうど良いのです。

自然とものごとの良い面を見る捉え方ができている人は、親や周囲の人たちから良い側面をイメージさせるような言葉がけをされて育てられたのだと思います。ただ、概して日本の教育は、悪いイメージをさせることで行動を正していく傾向が強いのも確かですから、その呪縛を解くにはある程度のトレーニングが必要です。

私のような性格の人間は、良いところを見つける働きかけを意識して行うのが大事です。そうでないと、これまで述べてきたような悪循環に陥ってしまうからです。私が実践していえるのは、トレーニングすれば、確実に変わることができるということです。

成功法則 42

自分で実際に見聞きした材料で判断する

相手を判断するときには、人の噂や評価を鵜呑みにしないことが必要です。

第三者が下す評価は、その第三者の立場があったうえでそのように評価しているに過ぎません。会社でいえば、平社員は平社員の立場から見たうえでものごとを判断しますし、管理職は管理職の立場から見てものごとを評価します。その評価を鵜呑みにしていると、間違った判断をしかねません。

このことに私が気づいたのは、30代前半のころに「小沢一郎政治塾」に通っていたころのことです。

学生時代に小沢先生の著書『日本改造計画』（講談社）を読んで、日本のグランドデザインを構想するスケールの大きさに大変感銘を受けたのです。

小沢一郎という政治家の世間一般のイメージは、あまり良いものでないように思います。マスコミに登場するときには、いつも仏頂面で気難しい表情をしていますから、厳しい人に違いないというイメージで見られていると思います。

その政治塾に通っていたとき、小沢一郎先生が塾長講話ということで、2時間ぐらい塾生60人を前にお話しをされたことがありました。当時は政権与党から飛び出した後で野党に属していましたが、絶大な影響力をもつ政治家だったので、マスコミが大勢取材に来ていました。

「国家とは」「世界とは」「日本の未来は……」という話を緻密かつ、壮大に語ったあと、塾生たちからの質問に答える質疑応答の時間になりました。このとき、マスコミ陣は退室させられることになり、ドアからぞろぞろと出ていきました。そして、そのドアが閉まった瞬間にふっと顔が緩んで、ニコっとした笑顔がいまでも忘れられません。

マスコミの前ではやはり「政治家・小沢一郎」を、ある意味で演じなければならないからでしょう。テレビで見るとおりの、緊張感のある、厳しい表情だったのに、私たち塾生を前にするととたんに「人間・小沢一郎」に戻るのです。

そして、最後には選挙ポスターで見るような、握手をした写真を記念に撮ってくれました。そのときも気さくに声をかけながら、柔和な笑顔で接してくれるのです。

そんな小沢先生を見たとき、私は、マスコミの報道や人からの噂で人を評価しない人間になりたいと思いました。実際に会ってみて、自分がどう思うかがある意味すべてであって、マスコミでどう書かれていようと、一般の社会でどのように人から思われていようと、それに流されず、**自分で見聞きしたものをもとに判断しよう**と思いました。

世の中からこういうふうに書かれたり、思われていたりする人なんだという事実はあるとしても、それが本当に実情を示しているかどうかというと違うことも多々あります。会社の人間関係においても、他者から聞いた人物評でなく、自ら実際に付き合ったうえで判断してみることです。

第5章

できることを増やして人から認められる存在になる

成功法則 43

誰だって最初は未経験

仕事が充実している人は、常に新しいことにチャレンジしています。経験がないことを言い訳にしません。

仕事が充実していない人は、「やったことのないこと」は「できないこと」と捉えてしまっています。しかし、「やったことのないこと」と「できない」ことに関係はありません。「やったことのないこと」でも「できる」ことがあるからです。やったことがないからといってチャレンジしないのは、自ら自分の可能性を制限しているようなものです。

私は会計事務所勤務を経て、前職の会社に入りました。総務経理の一担当者としての入社でした。厳密にいうと、会計事務所の職員は経理をしたことがありません。会社の経理をチェックすることはあっても、自ら経理をする経験はありません。実際、私もそうでした。

当時の業務は、ほぼすべてやったことのないものばかりでした。しかし、いざやってみると、当然、経験豊富な人から比べると時間はかかったのですが、最後は必ず「できた」のです。最初は誰でも未経験なのだから、それを恥じる必要はないと思えたときに、どんどんものごとを吸収して成長できた気がしました。

もう一度言いますが、**「やったことがある」と「できる」は違います。**やったことがないのであれば、できるようになればいいのです。期限が決まっているのであれば、それまでに知識を吸収するなり、スキルを習得すればいいのです。

私は、30歳になってからはじめて事務職を経験し、その中で、本当にがむしゃらに、年下の先輩に対してでも頭を下げて仕事を教えてもらいました。一つ一つクリアしてきた実績があるので、未経験そのものがハンディにならないことを知っています。

同じ未経験といっても、20代と50代では、当然、違う部分もあるでしょうけれども、そこで卑屈になったり、遅れを恥じ入ったりする必要はありません。誰だって最初は

〝未経験〟なのですから、そこでひどく叱責されたり、干されたりすることはありません。そこは初心者の特権です。

ですから、「この仕事ができますか?」と問われたら、必ず「(やったことはないし、できるとも言えないけれど)やります」と答えてほしいと思います。

成功法則 44

小さな達成感で徐々に自信をつける

会社では、若手が最初から大きな仕事を任せられることはまずありません。上司や先輩から与えられたものは、自分の力量に見合ったものか、少し難しいと思えるレベルのものであるはずです。

「難しい仕事」と思われることでも、分解して細かくしていくと、それほど難しくない仕事の集合体であることがよくあります。

たとえば、口ではやる気のある発言をするのに、なかなか納期が守れない人がいます。今日できることを明日に先延ばしにする癖のある人や、すべて自分で抱え込んでしまったりして仕事がオーバーフローしてしまう人に多いです。

こういう人には、私は仕事を細かく分解したうえで発注しています。

私は書籍の執筆の際に、３か月で原稿用紙３００枚分の原稿を書かなければいけないなら、１か月で１００枚、１週間で25枚というふうに意識して書いています。これが「仕事を細かく分解する」ということです。

「３か月で３００枚」というと、途方もない数のように思えますが、「1週間で25枚、1日に3～4枚」というふうに考えると、なんだかできそうな気がしてきませんか？

このように、大きな仕事も小さなことの積み重ねで成り立っているのですが、「大変だ！」という思いが強いと、そのことが見えなくなることがあります。

自分の力量よりも少し難易度の高そうな仕事を依頼されたら、やるべきことを細かく分解していく。たとえば、私の会社では、後継経営者向けのサービスを提供しています。初対面で１００万円を超える研修サービスを注文してくれるお客さまは当然いません。そこで、営業のプロセスを細分化して整理します。「アポイントを取る」「お客さまの状況を聞く」「課題を特定していく」「その課題に合った提案をする」。そして、発注をいただく。

アポイントを取ること一つとっても、コントロールできることとできないことがあります。電話しただけでアポイントが取れるのであれば、誰も苦労しません。アプローチする量をこなせば、「何件アプローチすれば1件のアポが取れるか」の確率が見えてきます。

アポを取れるか否かは相手（この場合経営者）がいることなのでコントロールできませんが、1日に何本アポイントを取るための電話ができるかは自分でコントロールできます。

私のように期限を区切ってもいいし、「今すぐ自分でできること」と「教えてもらえればできること」「手伝ってもらえればできること」を仕分けしてもいいでしょう。

こうして仕事を細分化し、自分がコントロールできることに注力していくことで小さな成功体験が積み上がります。小さなことでもやりきれば、それが自信になります。

成功法則 45 公言することで周りから応援してもらう

「なりたい自分になる」ためには、**自ら口に出して公言していく**ことが大事です。それによって、自分もどんどんその気になっていきますし、周囲からも応援してもらえます。

私は数年前、「結果にコミットする」ので有名なトレーニングジムに通っていたことがありました。当時は体重が90キロもあったので、一念発起したのです。

筋トレの成果は目覚ましく、3カ月で18キロ減って72キロになりました。減量に成功した要因は、3つあったと思います。

ひとつは、「公言する」こと。他人に自分の目標を伝えることで、自分自身が「人に言った手前、恥ずかしいことはできない」と思うことになり、自分を追い込むことになります。

ひとつは、「他人から協力を得る」こと。減量するときには食事制限も必要ですが、経営者との会合では飲食する機会が多くあります。公言することで糖質の多いお酒を飲まなくてもよくなりますし、同席している人に代わりに炭水化物を食べてもらうなどして、協力してもらうことができました。

そしてもうひとつは、「そういう環境に身を置く」ことです。高いお金を先に払うことで、行かなければという気持ちになりますし、ジムに行ったら同じように筋トレをがんばっている人を目の当たりにすることになるので、「俺も負けていられない！」と刺激になります。それにジムに行ったらもう他のことはできません。やるしかないのです。

会計事務所に勤めながら、税理士資格取得のための勉強をしているときも、公言することで少し退社時間を早めてくれたりと、同僚が便宜を図ってくれたことが多々ありました。

家に帰ったらもう寝るだけの時間に帰宅することになっても、専門学校の自習室に行くことにしていました。眠くても不思議と目が覚めてテキストを読めたときもあれば、うとうとしてまともに読めなかったこともありましたが、とにかく勉強する環境に身を置くことにしたのです。

当時は子どもが生まれたばかりでしたから、妻にも協力を得なければなりませんが、目的を共有できていたので妻も理解してくれていました。専門学校にも高いお金を支払っていますから、絶対にムダにはできないという心理が自分に働きますし、周りからのプレッシャーとしても効果がありました。こんな方法がうまくいったからか、税理士試験に合格することができました。

夜遅くまで専門学校に通って……などというと、私のことをストイックで努力家と見てくれる人もいますが、実際は逆で、自分に甘いし、弱い人間であることをわかったうえで、そんな自分でもできる方法はないだろうかと考えて、やってみただけのことです。

自分に甘い人は、自分に厳しい人と一緒にいるとか、周囲の環境を変化させるなどの方法で、良い意味で自分を追い込む状況をつくることを考えてみると良いと思います。

成功法則 46

有益な情報は社外の人がもっているもの

成長の早い人はどんなことからでも学んでいます。**一見、無駄と思えるようなことでも、学びにつなげることができます。**

どんなことからでも情報を得ようと貪欲な人は成長が早いものです。そういう人は、実は社外の人のほうが、有益な情報をもっていることを知っています。社外の人とは、たとえば営業をかけてくるセールスの人たちです。

会社にいると営業の電話がよくかかってきます。「人事の責任者の方をお願いします」という電話から「浅野さんはいらっしゃいますか？」と名指しでかかってくるものまであります。私は前の会社に入った当初から極力このような営業電話に出るようにしています。そして、日程さえ合えば会って話を聞くようにしてきました。

会って話を聞くのには理由があります。ひとつは、新鮮な情報を入手するためです。現代のような変化の激しい時代には、次々と新しい商品やサービスが出現します。新聞や雑誌に紹介されないような新しい商品やサービスを直接営業担当から聞くことができます。

私に会いに来る営業担当は、自社の商品やサービスを売るという目的がありますので、こちらの質問に丁寧に答えてくれます。実際、多くの営業と会い直接話をすることで、新しい商品やサービスの情報をいち早く入手することができました。新しい商品やサービスは、時代の流れを反映したものですから、時代を掴むための情報として有益なのです。

また、私は以前、管理部門の責任者をしていた関係で、人材系や不動産仲介系の営業担当とも多く接する機会がありました。新聞紙上から知る景気動向と実際の景気動向には若干のズレがあります。

人材系の営業からは新卒採用のトレンドや採用市場の特徴を、不動産仲介系の営業からは賃貸ビルの家賃の騰落や大手企業の移転情報を聞くことにより、実態に近い〝生〟の経済情報を知り得ることができました。

インターネットが普及し、情報が氾濫する時代といわれていますが、私は**情報の信憑性を「誰が言っているのか」という人の要素を加味して判断する**ようにしています。数多くの営業電話のなかから直接会って話を聞くことで、会社や自分にとって有益な情報を取捨選択しています。

成長できる人は、営業電話さえも有益な情報をもたらす情報源と捉えることができますが、成長できない人は、仕事の邪魔をするムダなものと捉え、本当に有益な情報をも逃してしまいます。この差は意外と大きなものになると私は思います。

成功法則47

自分一人の限界を開示し周囲の協力を得る

自分の仕事や能力に自信をもつことは大事ですが、その一方で、自分ひとりの能力はたかが知れているという認識をもつことも大切です。

自分一人ではやれることには限界があります。会社という組織でやっているからには、社内外から協力を得られるような環境を求めていかなければなりません。

私が前の職場で取締役だったとき、大手銀行の若い営業担当がよく来てくれていました。大学を出たばかりの22、23歳の若者です。私は自分が飲料の販売会社のときに名前を覚えてもらえなかった経験から、誰とも同じように接しようというポリシーがありますから、彼とも極力時間をつくって会うようにしていました。

相手からすれば、30代後半でそれなりの地位にいる人に話を聞いてもらえるわけだから、必死に自分がもっている情報を出してくれようとします。それを私も貴重な情報として聴くし、自分の決裁権のある範囲でなら協力することもできました。

あるとき、その彼を通じてその大手銀行グループのシンクタンクの担当者を紹介してくれるように頼んでみました。当時の彼はまだ新人ですからそんな力はなかったのですが、私が普段から協力していたことに対して良く思ってくれている部分もあったのか、彼は上司の支店長に相談してくれ、シンクタンクの担当者につないでもらうことができました。結果、今でも毎年1度は、そちらで研修を受けもたせてもらっています。

時間があれば極力多くの人と直接会って話をしてきたせいか、社外に多くの〝仲間〟ができました。銀行、証券会社などの金融機関から前述の人材系、不動産仲介、システム開発まで業種はさまざまです。個人的に飲みに行く仲になった人も何人かいます。

私の会社はビジョンの構築とチームビルディングを基軸とした経営コンサルティン

グを提供していますが、特に中小企業の困りごとはさまざまで、私の会社の得意分野だけでは解決できない課題がたくさんあります。

そんなとき、「うちではできません」と断るのは簡単ですが、自分が今までに接してきた各分野のプロフェッショナルたちを思い浮かべて、その課題に最適な会社やコンサルタントを紹介するようにしています。

紹介することですべてが解決するわけではありませんが、必ず何らかの成果は出るので結果としてお客さまからは非常に感謝されることになります。そして、お客さまから感謝されるだけでなく、紹介した相手からも非常に感謝され、次の機会には別のお客さまを私に紹介してくれることもあります。このような関係性を多く築いていくことで、真っ当なギブ・アンド・テークが成立するのです。

社内の人にはもちろんのこと、社外の人にも人間的な付き合いをしっかりしていくことで、協力者を得ていくことが大切です。

成功法則 48

まずは受け入れ、改善策を示すのはその後

私はこれまでに4回の転職を経験していますが、新しい職場に入って上司や先輩から仕事を教えてもらっている段階では、その会社のルール、仕事のしかたを覚えるため、基本的には仕事を教えてくれる上司や先輩に従います。

新しい職場では、「おかしいな……」とか「こうした方がいいのに……」と思うことがあっても、最初は自分の意見を言わないようにしていました。その会社のルールや仕事のしかたをすべて受け入れるようにしたのです。なぜなら、その会社独自のルールは、何らかの経緯のなかで形作られてきたはずであり、必ず何かしらの理由があるはずだからです。

もしかすると、侃々諤々の議論や社員たちの奮闘の末にできあがってきたルールかもしれません。にもかかわらず、外部から来た人がそんな歴史を知らずに否定するよ

うな言い方をしたら、良い気がしないのは当然です。

中途半端に自分はできると思っている人ほど、何かをやる前から「自分のやり方のほうが正しい、効率的だ」と主張しがちです。しかし、もともといる社員たちのやり方を、まずは尊重することが人間関係を円滑にするためにも大切です。

ただし、**一旦受け入れてからは、すべてのことがらに対して疑問をもつようにしました。**紆余曲折の末、そのようなルールになったものも、時の経過とともに惰性で運用されていることも少なくないからです。

しばらく従来のやり方、ルールでやってみた後に「前の会社でこうだった」ではなく、「こうしたほうが改善できる」という言い方にすれば、角が立たないやり方で提案できます。

成功法則 49

雑用だって価値ある仕事に変わる

雑用という言葉は、あまり良い響きではありませんが、雑用であっても仕事は仕事。仕事とは、「誰かがやらなければいけないこと」です。誰かがやらなければいけないものなのだから、どうせやるなら楽しく、それをやることに意味を見出したほうが有益です。

数年前、以前の会社で私が責任者をしていた部門で2人のアルバイトを雇いました。2人とも有名大学の4年生で、アルバイトとして採用したころは、すでに就職活動も終え、誰もが知っているような一流企業から内定をもらっていました。2人のアルバイトには、誰にでもできる、同じような難易度の雑用をそれぞれしてもらいました。しかし、その成果は大きく違いました。

1人目のアルバイトは、与えられた雑用を時間など気にすることなく、ただの作業として坦々とこなしていました。２人目のアルバイトの子がもうひとりの子と違ったのは、必ず期限を確認してきたことです。そして、その期限より早く仕上げてきました。**常に時間を意識し、早く仕上げることで雑用に付加価値をつけていた**のです。

また、こんな話もあるそうです。

ある大企業には会社の書類をまとめて処分するシュレッダー室があり、そこに若手が置かれました。毎日、シュレッダーをかけるだけの仕事ですから、一般的な感覚からすれば「窓際」に違いありません。

大企業ですからそこにはベテランの社員も数人いて、彼らは毎日面白くない顔で仕事に取り組んでいたのですが、その若手社員だけはどうすれば楽しく仕事ができるかと考えて、「○時間で○枚をシュレッダーにかける」と目標設定をしたうえで、鼻歌いながら仕事をしました。

なにごとも楽しく、目標設定をしながら仕事をしている様子を見た管理職が、彼を別のプロジェクトに抜擢したそうです。

「この仕事は、何につながっているのか」について考えることが大切です。シュレッダーをかける仕事は、社内の秘密を守るためだし、会議の資料をコピーして綴じる作業だって、会議が円滑に進むための作業です。

私の会社では研修の後に受講者同士の懇親会がセッティングされているケースがあります。運営担当の社員が、懇親会のお店の予約をしてくれます。ただ飲みたいだけで懇親会を開いているだけではありません。そこには昼間の研修のフォーマルな場では話しきれない〝生〟の情報の意見交換をしたり、元々は知り合いでない受講者同士が胸襟を開いてアウトプットしやすい環境をつくるという目的があります。

担当の社員はその目的を理解し、なるべくリーズナブルな価格帯で個室が取れるお店や、店員さんの対応が良い店をリサーチし予約してくれます。そういう細々としたことも大事な役割です。

トヨタ自動車には、「仕事とは、作業プラス改善だ」という言葉があるそうです。作業と思ってやっていると、その域を超えることはできないけれど、そこに改善という付加価値を付け加えようとすることで、同じ「雑用」をしていても、その人の成長度合いは違ってくるし、周囲からの評価も差がつきます。

そのように考えることができれば、雑用だって価値ある仕事に変わっていくはずです。雑用を雑用のままにしておいたらもったいない。**雑用を単なる雑用にしてしまうのか、価値のある仕事にするのかは、自分次第**です。

成功法則 50

自分ができていないことほどフィードバックする

あなたは自分ができていないことを他人に指摘することができますか？

たとえば、ある日上司が遅刻し、その次の日に部下が遅刻してきたということがあったとしましょう。上司は自分が遅刻している手前、部下の遅刻を指摘しにくいというのが普通の人間の感情です。

しかし、そこは感情を脇に置いて、部下に「遅刻に気をつけろ」と注意しなければなりません。自分も昨日遅刻してきたから、何と思われるかわからない。「おまえこそ昨日、遅刻してきただろう」と相手は腹では思うに違いないと考えて注意しなければ、何の発展性もありません。

自分ができていないことだからこそお互いが自律するように、行動するべきです。それに、人に言うことで自分を高めるという作用もあります。自分が遅刻しておいて、相手の遅刻を糾弾するのは勇気がいります。でも、それが言えたら、「人に言った手前、今度は絶対に遅刻できないな」と思うはずなのです。

人の悪いところを指摘するのは、自分のところにブーメランのように返ってくるから覚悟がいります。ブーメランが返ってこないようなときにもちゃんとしていられるように自分自身を律することが重要で、お互いがそういう環境で高め合うためのフィードバックができれば、より良い職場環境がつくれるはずです。

自分がより認められるようになるためには、自分がより成長する必要があります。そのために、しっかりフィードバックできるような状況をつくることです。

フィードバックするときは、**どのシチュエーションの、どのような行動に対して、フィードバックする側の自分がどのように感じたか**をしっかり伝えます。たとえば、「君の挨拶はいつも元気でいいな」ではなく、「今朝も僕の目を見て挨拶してくれたね。それで僕は一日気分よく仕事ができたよ」という具合です。このようなフィードバックの手法をSBI法（SBI…Situation-Behavior-Impact）といいます。

同じように、同僚同士でもフィードバックすることがとても重要です。そのときには、自分の行いは棚に上げて、感情を切り離して、指摘し合うことです。たとえば、先の例のように時間にルーズなことであったり、挨拶の声が小さいことであったり、そんな小さなことからはじめましょう。

職場は、経営目標達成のためにお互いを高め合っていく場でもあります。自分を高めていくのと同時に相手を高めることで、相乗効果を生み出すことが、強い組織になるための秘訣です。

何も言わなければ会社も同僚も、そして自分自身も何も進展しません。自分のことを棚に上げてでも他人に指摘することでこそ、会社も自分自身も成長させることができるのです。

成功法則 51

自分が求めるレベルの自己投資をする

社会人になって数年経ち、周囲がよく見えるようになってくると、さらなるスキルアップをしたくなってくるはずです。

私が30歳で最初に入った会計事務所でやっと周囲が見渡せるようになったころ、人脈をつくりたいと考えたことがありました。最初に浮かんだのが、異業種交流会に参加することでした。

会費が2000円のランチ会を兼ねたものから、1万円で参加できるところまで、さまざまな異業種交流会がありました。まず会費が2000円ぐらいのランチ会に出してみてわかったことは、**「会費の大小が人脈の質に反映される」**ということです。

当時はまだ会計事務所に勤めて数年経ったころで、まだまだ給料も低かったのでそれほど会費の高い会には出られません。しかし、2000円のランチ会に出続けても、自分が求めるレベルの人に出会えないと思うようになりました。

今から十数年ほど前、パワーポイントのスライドを使って講演をする機会を得ることができたとき、自分のスキルアップのために4日間の「プレゼンテーション教室」に50万円を払って受講したことがありました。

当時は、元妻に慰謝料を払っている身でしたから、当然そんなお金はありません。そこで恥を忍んで母親に電話をかけ、事情を話してお金を借りることにしたのです。

お金を借りなければ行けないということは、自分のレベル感ではないわけです。行ける範囲ではなく、そうとう背伸びしている状態です。でも、無理をして行ってみました。その先には、今までと違ったレベルの人たちとの出会いがありました。

私はそのとき、自分がお金を出せる範囲の自己投資ではなく、求めるレベルの自己投資をしなければならないことを知りました。自分が本当に求めていることであれば、お金はどこからか工面するものだと思います。それができないのであれば、本気で求めていないということです。

自分が無理なくお金が出せるレベルの自己投資をしていても、自分の枠から出られません。自分のレベルを感じることができる、客観的なものさしがお金です。自分にまだ経験が少ないときは、「レベル感」を正しく判断することはできません。そういうときは、価格をものさしにするのです。

実際、私が無理して通ったその「プレゼンテーション教室」で出会った人たちとは、今でもお付き合いをしています。

ちょっと頑張ってお金を出したなら、それに見合う成果を得ようと思いますから自分の真剣さも違ってくるでしょう。その真剣さをもってすれば、出会った人たちにもその想いは伝わるはずなのです。

第6章

小さな行動の積み重ねで周囲から必要とされる存在になる

成功法則 52

自分に甘い人ほど長続きする

スキルを身につけるだけではダメで、実際に実行できる行動力が必要です。そのために小さな行動を積み重ねていきます。すると、周囲から必要とされるようになります。この章では、そこからもう一段階進んで、より頼りにされる存在を目指します。

私はかつて、自分に甘い反面、完璧主義なところもどこかにあり、100点でなければゼロ点に感じてしまう人間でした。そのため、自分の思いどおりにいかなければ、リセットしてみたくなってしまう。だから、転職を繰り返してしまっていました。70点で満足すればいいのに、100点でないと気が済まない。ある意味で、自分に厳しすぎたのだと思います。

小さな行動の積み重ねは、習慣化してしまえばどうってことはありません。ただ、その習慣化が一番難しいのも事実です。

ただ、習慣化するために、覚悟を決め意志を固くもっていないといけない……と思い込んでいる人は多いのですが、実際はそうでもありません。

意志を固くもち、何が何でもやり遂げてしまう人もいますが、最初はユルくはじめて楽しくやっていたらいつの間にか習慣になっていた、という人も多いのです。

たとえば、中年に差し掛かってからマラソンにハマった人は、そういう人が多いようです。30代、40代、もっといえば50代になってから、マラソンを始めてのめり込んでいる人が大勢います。私はそういう人たちにどうやって続けてきたか、何人もの人に聞いてみました。

毎日走るぞと決意して雨の日も風の日も何が何でも走っていると、雨が降って寒かったとか、風で走りにくかったというつらいイメージが刷り込まれて継続できなくなるというのです。

そうではなく、今日は雨が降っているから走らないでおこうとか、今日は気分が乗らないからいつも5キロ走るところを3キロにしようと無理なくやっていると、たのしい、気分がいいというイメージが刷り込まれて、逆に習慣化できるのだそうです。習慣化できる人は、最初は適当にやっているものなのです。自分のスタンス、体調、気分に合わせてやっていくから長続きします。

私は土日に会社に出勤しないときでも、自宅近くのファミリーレストランで仕事をするのが習慣になっています。当初は、朝6時15分のファミリーレストランの開店と同時に入店しようと決めて、がんばっていたことがありました。ところが、決意して「がんばって」しまうと、続かないのが私の性分です。冬に朝寒くて起きられなかったり、前日に深酒をしていたために体がだるかったりして、開店の時間に間に合わないことがあると、ファミリーレストランに行くこと自体をやめてしまっていました。

ところが、今は一日の計画をすぐに修正して、**「今、この瞬間からやれる最善は何か」**と考えられるようになりました。今の例でいえば、ファミリーレストランに行くこと自体をやめてしまわないで、7時でも8時でもいいからともかく行く、ということができるようになりました。

昔の私はゼロか100かの二択しかありませんでしたが、考え方のバリエーションをさまざまに思いつくことができるようになりました。

人間、生きていれば不測の事態は起こるものです。小さい子どもがいるとなおさらです。私も子どもが小さいときは、予定した時間に行動できないことがよくありましたが、それはそれとして受け止めて、その中でも最善を尽くすというふうに切り替えられるようになってからは、「できない自分」にストレスを感じることも減りました。

できなかったことより、これからできることにフォーカスを定めて、それを淡々と積み重ねていくことが、良い習慣を続けるコツです。

成功法則 53

弱みをさらけ出すと「実は～」が出てくる

私は会社の社員を採用するとき、新卒でも中途のときでも、面接で気をつけていることがあります。それは、まず自分の考えを先に相手に伝えることです。

志願者に対して、私自身が仕事上でどんなことを大切にしているか、どんな想いをもって会社を経営しているか、将来この会社をどんな方向にもっていきたいのか、ということをしっかり伝えていきます。

そして、「思っていたのと相違ないですか?」と聞いたうえで、本人の話を聞くようにしています。**自分が話をするのが先、相手から聞き出すのは後**です。

なぜそうするかというと、自分から先に自己開示しないと、相手からはしてくれないからです。相手が胸襟を開いて、想いのたけを語ってくれたと思うと、相手も安心して「自分をさらけ出していいんだ」と思ってくれるはずだからです。

私が、本書のまえがきで述べたようなことを話すと、「社長という人たちは、ずっと順風満帆で社会人生活を歩んできているものだとばかり思っていたけれど、そうでない人もいるんだと思った。自分も大企業の就職試験にすべて落ちて失望していたから、そんな人に会えて嬉しかった」と言ってくれた人もいました。

自分から自己開示していくと、相手から思いがけない「実は……」が出てくることがあります。

「実は私、社長を〝グビ〟になりまして」と周囲の社長仲間に打ち明けたところ、「実は、僕も前の会社で共同経営者と一緒にやっていたけど、ある時期から関係が悪くなって追い出されたんだ」というような話をしてくれる人も数人いました。

経営者は社員の手前、弱みを見せられません。自分をよく見せるという意味ではなく、ある面で虚勢を張ってでも、社員に不安を与えないようにしなければならないからです。凛として堂々と振る舞う必要があります。それは取引先に対しても同じです。

さすがに「実は自分も〝グビ〟になったことがあって……」という人は数人でしたが、「実は自分もこんな不遇の時期があって……」という話をしてくれた人は、3人に1人ぐらいいました。

自分の弱みをさらけ出すと、共感してくれ、応援してくれなくとも味方につけることはできます。似たような失敗をするひとりの人間であると、身近に感じてくれるのだと思います。

相手からの「実は……」を聞くことができたら、相手をより理解することができ、人間関係も深まるに違いありません。

成功法則54 わかったふりしてできないより わからないことを素直に聞く

私も経験があるからわかるのですが、若いころは舐められないようにと必死になるものです。わかっていないのにわかったフリをしがちです。しかし、わかったフリをしてできないよりも、わからないことを認めて素直に聞くほうが、周囲からの協力を得られます。素直に聞いてくる人には、教えてあげたい、役に立ってあげたいと思うのが人情です。

「わからないことを聞けるのは若者の特権だ」という話がありますが、それは若者に限りません。いくつになってもわからないことは、素直に聞くようにしましょう。私は今でも、若い社員に彼らがどんなことを考えているのか教えてもらいます。

私の会社には、広告のコピーを書くようなライターだった人もいれば、営業出身の人もいたり、ホームページの作成やデザインをしていた人もいます。さまざまなバックグラウンドをもった人が入社してきますから、彼らの得意分野のことを教えてもらうのです。

会社組織は、個々が得意なことを持ち寄ることで集団としての強さが出てきます。自分ができなくても誰か得意な人がやってくれれば、会社としてできるようになります。

だからこそ、**得意な人の力を借りる努力をするべき**です。チーム内コミュニケーションを活発にすることによって、良い意味でのギブ・アンド・テークなり、もちつもたれつの関係をつくっていくようにしましょう。

一人前とは何でも一人で完結できることではありません。チームや組織でやっている以上、周りと連携していくことが大事です。周りの人の力を借りながら、経営目標を達成していくためのコーディネートをすることが本当の意味での「一人前」なのです。

成功法則 55

特別なことより当たり前の積み重ねが価値を生む

仕事で成長し、結果を出している人すべてに特別なスキルや並外れた能力があるのかというと、私ははっきり「NO」と答えます。類まれな成果を出す人のほとんどが普通の人です。**何か一つずば抜けたものがあるのではなく、成功できないその他大勢の人よりほんの少しだけ勝る「行動項目」が多いだけ**なのです。

たとえば、人より少し気持ち良くあいさつできるとか、きちんと納期が守れて、精度の良いものを生み出すことができるとか、そういったことです。

「挨拶の声が他の人に比べて大きい」「メールのレスポンスが他の人に比べて早い」

「会議の場で他の人に比べて前向きな発言をする」などの行動も同様です。そうした少しの積み重ねが、最終的な大きな差になっているのです。ちょっとした行動の項目が多ければ多いほど大きな差となるのです。

ごく一部の天才は別として、多くの「行動項目」に対してその他大勢よりほんの1%の付加価値を上乗せすることにより、他者に抜けそうで抜けない簡単そうに見えて実はなかなか越えることのできない圧倒的な壁をつくることができます。

私の師匠である経営コンサルタントの小宮一慶さんはこのことを、「コピー用紙一枚はとても薄いものだけど、５００枚重なるとこんな束になる。紙一枚一枚の積み重ねが、人の成長につながるし、人との差になる」と表現していました。

ただ、これがなかなかできないのも事実です。誰もができるわけではないから、やった人だけが自分を変えられる。すなわち、成長することができるのです。

成功法則 56

「私はこう思う」「僕はこう考える」に間違いはない

　これから先の時代では、今までと考え方を変えていかなければなりません。答えがどこかにあって、その答えを探せばいいだけの仕事は、ＡＩにとって代わられてしまうはずです。

　たとえば、経理の仕事がそうです。経理の仕事というものは、数字が最終的に合うことを目指します。収入と支出、つまり入ってきたお金と出ていったお金を計算して、手元にあるはずのお金と実際にあるお金が合っていればいいのです。唯一無二の答えがそこにあります。そのため、経理の仕事としてそれだけをやっていれば、ＡＩにとって代わられてしまいます。

　しかし、経理の仕事はそれだけではありません。使われた経費がどんな科目に相当するのか考える、使われた経費に対して効果がどれだけ出ているかの連動性を見るなどの仕事があります。経理の仕事にこうした経営の視点を組み入れるときには、知識や経験がものをいいます。これらの仕事はＡＩにはできません。

すべての仕事はこの例と同じことがいえます。だからこそ、若いときから「自分はこの事象を見てこう感じた。だからこうしたい」という自分なりの考えをもつべきなのです。

自分が思ったこと考えたことは、内容の重要度は別にして、それ自体は間違いのない事実です。思ったり、考えたりしたこと自体に意味があり、価値があるのですから、遠慮なく自分の意見を述べていいのです。

会議に招集されたときも、若手だからといって遠慮する必要はありません。若手の意見も必要だから招集されているのであり、**呼ばれている限りは役割が必ずある**からです。遠慮して何も発言しないのであれば、その会議に出る意味がありません。

先方との商談でお客さまから質問されたり、判断を迫られたりしたとき、自分の立場では答えられないこともあります。そういうときでも、自分の考えはもっておかなければなりません。

「○○とお客さまがおっしゃっていますが、いかがでしょうか？」とか「△△の件について、どうしたらいいでしょうか？」と質問をしてくる人がいます。私はそういうとき必ず「あなたは、どう思いますか？」とか「あなたなら、どうしますか？」と聞き返すようにしています。

私は「どうしたらいいでしょうか？」とお伺いを立てるのではなく、すべて「私は○○のように思いますが、この考え方はいかがでしょうか？」とか「私は△△のようにしたいのですが、承認していただけますか？」という言い方で、常に問題意識をもって上司に報告と意見を同時に伝えていました。

「どうしたらいいですか？」と判断を上司に丸投げしているようでは、ただの「伝書鳩」に過ぎず、いつまで経っても自分なりの判断基準が確立されません。ポジションが低いうちから判断する基準をもち、一回一回の「勝負」をしましょう。そうでないと、ポジションが上がっていざというときに正しい判断をできないばかりか、判断することすら臆病になり判断を先送りしてしまいます。

ポジションが低いうちにしっかり判断する癖をつけていきましょう。そのレベルでする判断に間違いがあっても会社的には痛くも痒くもありません。

人から必要とされる、認められる存在になるには、やはり自分なりの意見をしっかりもっていることが重要です。それでこそ周りからも、会社内からも尊重されるようになるし、必要とされる人にだんだん育っていきます。

「あなたはどうしたいの？」に対していつでも答えられるようにしておきましょう。

成功法則 57

「できない言い訳」より「できる条件」を語る

仕事を依頼されたとき、できない理由として、もっともよく使われる言い訳が「忙しい」です。仕事を依頼すると「時間がありません」とか「この仕事で手がいっぱいです」と、まず「できない理由」から入る人がいます。暇そうに見える人やパフォーマンスの悪い人ほどこういう言い方をする傾向が強いように感じます。

私は、ある時期から、「AとBの2つの課題をクリアにして、月末までに提出します」とか「○○さんの業務時間の確保をお願いします。それができれば、必ず明日までに間に合わせます」というように、「いかにすれば可能なのか」を語るようにしてきました。

私がこのようなモノの言い方をできるようになったのは、以前勤めていた名古屋の税理士法人に入ってからです。その税理士法人では、毎週月曜日にグループ全体での朝礼がありました。その朝礼では毎回、「社員行動指針」を唱和します。そのなかの一つに「いかにすれば可能かを語れ、なぜ不可能かを語る必要はない」というものがありました。私は、このフレーズがとても好きでした。退職してから15年以上経過した今でも頭から離れません。

私は「できない」という言い訳は、「やりたくない」といっているのだと解釈しています。「やりたくないわけではない」のなら、やはり「できない」という言い方はマズいでしょう。

異性からの誘いのときもそうではないでしょうか。食事に誘いたいと思って、「○月○日、空いてる?」と尋ねたとき、「空いてない」だけだと断わられたと思うしかありませんが、「その日は無理だけど、この日なら空いてるよ」と言われたら脈ありだと思えます。

どうやったらできるかを言葉にして上司に報告するなり、同僚とコミュニケーションをとることによって相手の印象は違ってきますし、**「できる理由」を語ろうとするときにこそ新しいアイデアや別の解決策が生まれます。**

「できない」理由探しがうまくなると、脳はその状況に慣れてしまい、さらに言い訳がうまくなっていきます。すると、仕事の工夫や革新的なアイデアも思いつかなくなっていくのです。

しかし、反対に「どうしたらできるか」を考えていくと、脳もそのように常に考えるようになります。何事も前向きに捉えることができるようになり、仕事のアイデアもどんどん出てくるようになります。思考のクセは習慣化されて、すべての仕事のやり方に影響するのです。

成功法則 58

上司は一番身近なお客さまと心得よ

そもそも私自身は、上司からの依頼は断る理由はないと思っています。なぜなら上司は「最も身近なお客さま」であるからです。

世の中にお客さまがいない仕事は存在しません。 営業職やコンサルティング職など、お客さまと直接接する機会が多い職種では、対象となるお客さまが誰なのかがはっきりしています。

一方、事務職などのお客さまと直接接する機会が少ない職種では、対象となるお客さまがはっきりしていない場合があります。それどころか実際のお客さまと接することと以外の仕事では、お客さまを意識していないことがほとんどです。

私は、前述のとおり前職の会社に総務の一担当者として入社しました。入社当初、管理部門の所属であった私は、私の会社のお客さまである企業経営者と直に接する機会はほとんどありませんでしたが、仕事をするうえで、常に「お客さま」を意識してはいました。「お客さま」のニーズを捉え、どのように「お客さま」に喜んでもらえるかを考えていました。その「お客さま」とは社長であり、その他の役員であり、他部門の社員でした。

株主総会の運営ということであれば、「お客さま」は株主であり、公的機関の対応ということであれば、ときには税務署や労働基準監督署などが「お客さま」になる場合もありました。

私は、同じように上司を「お客さま」として捉え、上司からの仕事の依頼は最優先の課題としてすぐに着手するようにしていました。

何事もニーズがあるところにしか仕事は発生しません。別の言い方をすれば、相手のニーズを満たせないような仕事は、仕事と認められませんし、そこに報酬という概念は存在しません。

当時の私は、社長を最大の「お客さま」と認識し、社長が経営に専念できる環境をつくることが先決だと考えました。そこで、私は、社長でなくてもできる仕事をかたっぱしから奪いました。社長には、社長にしかできない仕事に注力してもらう環境を整えたのです。そのような功績が認められ、短期間で重要なポジションを与えられることになりました。

上司から仕事の依頼があった時点で、その上司はあなたの「お客さま」です。実際のお客さまと同じように、その「お客さま」を満足させることができれば、あなたの評価は必ず上がります。

上司は部下に仕事を依頼するとき、「できる人」か、「できそうな人」にしか声をかけません。5人の部下がいれば、その中で最もできそうな人に依頼するのです。ということは、すでにその時点で他の4人より評価されているのですから、喜ばしいことではないでしょうか？

上司は優秀な人間、課題を克服できる人間に仕事を依頼するため、特定の人に仕事が集中して忙しくなるのです。仕事が集中し忙しい人ほど、仕事の優先順位をつけ考えながら仕事をするため、結果としてどんどん成長していくのです。

成功法則 59

自分がして欲しいことを相手にもしてみる

自分のことを理解するのですら難しいのだから、相手のことを理解するのはより困難であるに違いありません。だから、相手がどんなことをしてほしいかも理解するのは難しいことです。上司であれば、指示されたことが「上司のしてほしいこと」であるに違いありませんが、そこにプラスαを付加すると、さらに認められる存在になっていきます。

私が社員に対して、誕生日に花やメッセージを贈るのは、自分がそうされてうれしかったからでもあります。印字された、名前だけ代えた定型文のメッセージより、手書きのメッセージをもらったほうが自分の気持ちに響くものがあるし、普段の行動であっても、かゆい所に手が届くことをしてもらえると、相手にも返そうと思うものです。ごく当たり前のことではありますが、自分がしてもらってうれしかったことを相手にしてみることが大事です。やはりここでも自分からしてみることです。

好きでもない相手に対しては、「相手がしてほしいこと」を考えるのもあまり気が進まないかもしれません。しかし、会社という組織の中にあっては、相手を好きになる努力は必要だと思います。

かつて勤めていた会社の社長から、「社員のことを好きになれ」と言われたときは腑に落ちませんでした。経営者たるもの、好き嫌いでものを語ってはいけない、中小企業であれば社長から嫌われたら居場所がなくなるのだから……。このような理由からです。その後、京セラの稲盛和夫氏の本を読んだときにも同じようなことが書いてありました。私は自分なりに「人間だから人の好き嫌いがあるのは当然だが、その前提の中でも相手を好きになろうと思い続けることが大事だ」と解釈しました。その社長に確認すると、「そういうことだ」とのことでした。要は、好きになろうという思いをもつことは、誰に対してもできるだろう、ということです。

自分の力を発揮しやすい会社を選んだのならば、そこにいる人を好きになる努力も必要です。自分の性格や嗜好にぴったりと合致する人ばかりが周りにいるわけではありませんから。

会社内での自己肯定感を上げるためには、周りの人との人間関係を良好なものにしていく努力は必要です。そもそも人間関係というのは、経験を積んでいく中でうまくやっていく方法を学ぶものです。努力もせずに、「この会社の人とは合わないので辞めます」というのでは、会社がいくつあっても足りません。

好きになる努力をする中で、けれども無理はしないこと。そのバランス感覚を磨いてほしいと思います。

成功法則 60

叱られたら言い訳せず素直に謝る

自分に非があるとわかっていても、すぐに謝罪の言葉が出てこない人がいます。自分自身を正当化したいのか、情状酌量を求めているのかはわかりませんが、自分の弱さを認めず、見ないふりをして、自信がないにもかかわらず、それを知られたくなくて強がってみせる人がいます。

ミスを謝罪できない人がそのタイプです。誰かが悪い、タイミングが悪いと、自分以外のせいにしてしまう。自分を顧みることができない人は、そこから一歩も動こうとしない人ですから、前に進めません。

トラブルがあった際には、まずは謝罪しましょう。間違っても言い訳から入ってはいけません。トラブルの解消どころか、関係性が断絶してしまう可能性すらあります。もちろん、何でもいいから、「謝れ」ということではありません。怒りの度合いによりますが、仮に相手の誤解によってすごく怒られているような状況があったとしても、そう思わせてしまったことは事実ですから、それに対してはまず謝罪から入らないと物事が丸く収まりづらいものです。

最初から「違いますよ、あなたの言っていることは」と、謝りたくないがために否定から入ると、当然、自分の正しさと相手の正しさがぶつかり、余計に相手の怒りの炎は燃え上がります。

解釈の違いがあるうちは、いくら双方がお互いの正しさを振りかざしても、話は平行線で決して交わることはありません。「わざわざ電話をかけさせるような状況にしてしまい、すみません」「誤解させてしまい申し訳ありません」と、まずこういう状況にさせてしまったことについて謝ることが大事です。

他者との間で何らかの衝突があった場合、まったく自分に非がないということはあり得ません。私は、**コミュニケーション上のトラブルは双方に問題が存在する**と考えていますト。ラブルの原因は「50対50」の場合もあれば、「1対99」の場合もありますが、誤解されたことも自分に原因があると捉えないといけません。なぜなら、コミュニケーションは、相手があってはじめて成立するものだからです。

「周囲から必要とされる」というときの「周囲」とは、社内だけではなく、お客さまのことも含みます。だから、謝るべきところは素直に謝れるような人間にならないといけないのです。

私は相手が誤解している場合でも、まずは謝罪します。

「大変申し訳ありません。誤解を招くような表現があったのは弊社の責任です。今後このようなことがないようにいたしますので、何卒ご容赦ください」という具合です。

そのあとに、誤解をしている内容をしっかり説明します。ほとんどの場合、お客さまとの関係が悪化することはありません。むしろ、お客さまの方から「私の誤解だった、申し訳なかった」と謝罪を受けるケースすらあります。

謝ることで、相手はこちらの正しさに耳を傾けてくれるようになります。そこで初めて、自分の正しさを主張すればいいのです。

トラブルがあった場合、問題点を細分化し、自分に非がある部分を切り離します。そして、自分に非がある部分に対して、適切かつ、丁寧な謝罪から会話をはじめることが、周囲から認められる存在になるための作法です。

成功法則61

自己肯定感は会社の中の仕事で高められる

日本理化学工業というチョークをつくっている会社をご存知でしょうか。この会社は多くの障がい者を雇っており、そしてまたその障がい者が生き生きと働いていることでも有名です。

この会社の創業者である大山泰弘会長は、ある寺の住職から、人間の究極の幸せとは次の４つの欲求が満たされることであると説かれました。

人に愛されること
人に褒められること
人の役に立つこと
人から必要とされること

これを聞いた大山会長は、働くことによって愛以外の３つの幸せは得られるということに気づきます。

会社は人の集まりであるから、仕事は人と人が関係し合うことで前に進んでいきます。そのとき、一生懸命にやるのも怠惰にやるのも、人との関係によって大きく影響されます。

人に褒められること、人の役に立つこと、人から必要とされることで、人は相手の期待に応えたい、もっと役に立ちたいと思うようになり、いっそう仕事に励むようになります。そんな人がたくさん勤めている会社は好業績が上げられるようになり、それによって社員ものびのび仕事ができるようなり、さらに業績が上がるという好循環になっていきます。

人から褒められ、役に立ち、必要とされたなら、その人の自己肯定感は高まっていき、**人生がまるごと豊かになっていく**に違いありません。

おわりに

この一年で世の中は一変しました。10年後、20年後に振り返っても、新型コロナウイルスの感染拡大で全世界が混乱した、この２０２０年は大きな転換期となるはずです。これまでも大規模な金融危機や未曾有の天災に直面し、仕事や生活に大きな影響が出たことはありました。ただ、これほどまで生命の危機を覚えるほどの恐怖感と経済的に先が見えない閉塞感を同時に抱いたことはありませんでした。今思えば、昨年4月からの約2ヵ月間に及ぶ緊急事態宣言中の私は、明らかに平生を保てていない精神状態でした。

さらに、その一年前の２０１９年3月28日には、人生のターニングポイントとなる大きな出来事がありました。後継者として代表を務めていた会社の株主総会で、オーナーをはじめとした株主から例年20分ほどで終わるところ2時間を超える追及を受けました。〝針のむしろ〟を体感した耐えがたい時間でした。この先の人生で忘れることはないであろう47歳の誕生日となりました。その後、5年5ヵ月務めた同社の社長を辞任しました。

直近2年で、これだけ私を取り巻く環境が激変すると「今年も春先に何かイヤなことがあるのかな?」と、ネガティブな思考パターンに陥ってしまいそうです。若い頃の私であれば、この状況に出くわしていたら、「なんで俺ばっかり…」と嘆いていたことでしょう。

しかし、私にとっては、今この時がこれまでの人生で一番幸せです。決して強がっているわけでなく、心の底から実感しています。今の私は、後継社長という〝呪縛〟から解き放たれ、楽ではないながらも楽しく仕事をしています。まわりには、一定の配慮はしても、一切気兼ねしない大切な仲間がいます。働き方が変わり、家族と接する時間も多くなり、人としての豊かさを日々味わっています。

すべては自分自身の捉え方次第。自分の力が及ばないところに、いくら気を揉んでも事態が好転することはありません。得意不得意、できることとできないことがある自分を認め、目の前にある課題に出し惜しみすることなく最善を尽くすだけです。そこから先の評価は相手に委ねるだけです。相手がどう思うかは、相手の問題であって、こちらが関わろうとしても手が出せない領域だからです。

以前はこのような考え方を持てていなかった私でも、思考のトレーニングにより変わることができました。今の自分自身を受け入れることと、「なりたい自分」に近づくための努力をすることで、人はいつからでも変わることができると信じています。

読者のみなさまも、本書に書かれていることを実践するなかで、自分なりの成功法則を編み出してほしいと思っています。そして、それらを継続するなかで、次第に洗練され、借り物でない自分だけの自己肯定感を育むことができるはずです。本書を通して、本当に「なりたい自分」を手に入れていただけたら幸いです。

そして、今回本書をご購入いただいたみなさんへ、本文中でご紹介した成功法則を、実践していくためのツールを特典としてご用意いたしました。特典の内容は『こだわり・価値観言語化シート』、こだわり・価値観言語化のコツ、『成功法則実践シート』

などになります。　是非ご活用ください。ＵＲＬまたはＱＲコードからダウンロードできます。

https://think-shift.jp/book-self/

最後に、本書を出版するにあたり、本当に多くの方々のお世話になりました。

私のわがままを受け入れ本書を世に送り出してくれた、つた書房の宮下晴樹社長、今回の出版においても企画段階からご指導をいただいた、ネクストサービスの松尾昭仁社長、その他出版関係者のみなさま、環境が変わっても私の立場が変わっても支え続けてくれたお客さまや協力会社のみなさま、そして、そばにいてくれるだけで私の心を満たしてくれるｔｈｉｎｋ ｓｈｉｆｔ（シンクシフト）のメンバーに、この場を借りて心より御礼を申し上げます。

２０２１年春　浅野泰生

著者紹介
浅野 泰生（あさの やすお）

株式会社think shift代表取締役
ビジネスパーソンを自己実現に導く人財成長プロデューサー

1972年生まれ。愛知県一宮市出身。大学卒業後、面接を受けた18社すべてから内定がもらえず、親のコネで就職する。過酷な肉体労働に耐え切れず5年弱で退職。自分に合う会社を求め転職を繰り返した結果、34歳で大卒初任給をも得られない状況に陥る。

低調なキャリアの原因を自身に向けはじめた頃、業務システムの開発会社に拾われる。自分を変えるべく周囲の助言や書籍からの学びを愚直に実践。まもなく成果が表れ、わずか一年で取締役に抜擢される。生来の根拠のない自信に昇進という事実が重なり、真の自己肯定感を体得する。

42歳で同社の社長に就任。自らの成功体験を伝播させ、社員のポテンシャルを引き出す。赤字続きの同社を就任初年度より黒字化。就任中5期連続の増収に導く。

2019年5月、オーナーとの対立が表面化。40代半ばでゼロからのスタートを決意する。

翌月、同志とともに株式会社think shiftを設立。ビジネスパーソンの自己実現を支援する独自の成長メソッドを展開している。著書に『最強「出世」マニュアル』（マイナビ出版）、『部下のトリセツ「ついていきたい！」と思われるリーダーの教科書』（総合法令出版）がある。

企画協力：ネクストサービス株式会社　松尾昭仁

自己肯定感を高めて職場の居心地をよくする方法
会社の人間関係に悩むあなたに贈る成功法則

2021年5月31日　初版第一刷発行

著　者　浅野泰生
発行者　宮下晴樹
発　行　つた書房株式会社
〒101-0025　東京都千代田区神田佐久間町3-21-5　ヒガシカンダビル3F
TEL. 03（6868）4254
発　売　株式会社三省堂書店/創英社
〒101-0051　東京都千代田区神田神保町1-1
TEL. 03（3291）2295
印刷／製本　シナノ印刷株式会社

ISBN978-4-905084-40-2